アフターコロナの
戦略的
事業承継「M&A」

公認会計士・税理士
長谷川 佐喜男

中央経済社

はじめに

　筆者の事業承継およびM＆Aとの出会いは，1985年に分林保弘氏が創設された「日本事業承継コンサルタント協会」に入会し，その月例会の研修に出席したのがきっかけでした。当時バブル経済の真っ只中で土地をはじめとする資産価値が上昇し，事業承継する際の相続問題は深刻になりつつありました。

　そのような折に，日本の地銀で初めてのFPセンターと都銀2行の税務相談の顧問に就任しました。昭和63年ぐらいから銀行によっては毎週数件の相談を受け，アドバイスをしていました。相談業務は，バブルがはじけた平成8年ぐらいまで続き，延べ500件以上の相続問題および事業承継対策問題に携わりました。

　また，その頃の相続・事業承継問題のほとんどは，自社株の評価引下げ等の税務対策が中心でした。事業承継対策といっても跡継ぎたる親族（主に息子）がいて，いかにスムーズに自社株を承継するかが主たる課題でした。

　1990年代に入り，バブルがはじけ，資本取引を中心とする自社株の評価引下げ対策で税務当局との「見解の相違」の問題が出てきました。

　1990年10月に，日本事業承継コンサルタント協会が主催するM＆Aによる事業承継問題解決のための特別セミナーが東京ディズニーランドのホテルでありました。そのセミナーをきっかけに，私は株式会社M＆Aパートナーズを設立し，地元京都の税理士・公認会計士を20人集めて会員制のM＆A研究会を発足し，2年間ほど活動を続けました。

　1991年４月に，株式会社日本Ｍ＆Ａセンターが全国の有力な会計事務所が別会社で運営する全国50の地域Ｍ＆Ａセンターと同時に設立され，Ｍ＆Ａパートナーズも資本参加し，共に活動をしました。

　日本Ｍ＆Ａセンターは今や東証一部上場の超優良会社にブリッツスケール（爆発的成長）し，私も当センターの会計人の集まりである日本Ｍ＆Ａ協会（全国850会計事務所）の全国副理事長に就任しています。

　2000年代，後継者難の時代に入り，Ｍ＆Ａが活発化し，現在に至っております。その後も，将来不安による後継者難および引き続いて業界再編に基づくＭ＆Ａが活況を呈しています。

　2007年からはCFP試験制度導入に伴い，試験委員（相続・事業承継）を務めさせて頂きました。

　また2010年に（一般社団法人）日本事業承継学会の設立に参画し，現在も監事を務めております。そこでは，主に老舗の現役社長をお招きして生の声を聞き，パネル・ディスカッションで実際に学んでおります。

　2010年７月，日本公認会計士協会研究大会（京都開催）においては，株式会社若林佛具製作所会長の若林卯兵衛氏と，ベンチャー企業代表として株式会社堀場製作所代表取締役社長の堀場厚氏をお迎えしてのパネルディスカッションを主催しました。

　2017年９月，日本公認会計士協会研究大会（金沢開催）において事業承継についてパネラーを務めました。2017年より，京都先端科学大学（永守重信理事長）で非常勤講師として全15回「事業承継論」の講義を担当しております。

　今回の出版にあたっては，自分自身の35年間にわたり，事業承継とＭ＆Ａに携わってきた経験をもとに，集大成として本書を出版致しました。

　第１章では，事業承継の根本問題を掘り下げ，問題提起をしております。今回のコロナ禍により，将来的にアフターコロナにおいてＭ＆Ａがますま

す隆盛に向かうことを主眼に解説しました。

　第２章では，今回のコロナ禍による企業経営への影響として，①コロナ・インパクト，②経営に与える影響，③経営のニューノーマル（新常態）について，注目される事項を中心に記載しています。今後の活動の参考にして下さい。

　第３章では，Ｍ＆Ａの全般について解説し，売り手側の事業承継の側面と買い手側の成長戦略の側面を記載しました。実務的な面としてＭ＆Ａの進め方，デューデリジェンス等についても記載しております。

　さらに時代的考察として，今後ますます注目される業界再編に関わるM&Aについても詳しく解説しています。

　第４章では，資産の承継として，自社株対策を中心に解説しました。行き過ぎた対策によって租税回避行為にならないための方策，今後大幅な計画書提出（2023年３月末締切）が想定される特例事業承継税制，持株会，種類株，家族信託，公益法人についても解説しています。

　第５章では，経営の承継として，承継の心得を網羅的・平易に解説しています。後継者の果たす役割，会社の適正な方向への導き方，中小企業の戦略として有用なランチェスター戦略を解説しております。最近よく言われます第二創業・ベンチャー型事業承継についても解説しています。

　第６章では，老舗企業の成功例および老舗ほどイノベーションが難しく，大倒産時代を迎えている現状を解説しています。以前は，上場さえすれば，後継者の問題が解決し，事業承継の問題はなくなると言われていましたが，戦後創業してブリッツスケール（爆発的成長）した会社については，後継者選びに苦慮する場合もでてきました。

　ここでは，グローバルな大企業，ファーストリテイリングおよび日本電産の後継者選びの難しさを紹介しております。また，地元京都のハイテクベンチャー（堀場製作所・オムロン）の成功例を紹介しております。私共

の事務所で過去に実施した事例や現在進行中の事業承継コンサルティング
事例の数々も紹介させて頂いております。

　最後に稚拙な本ではありますが，下記のような読者を対象として編集し
ましたので，是非お読み頂いて，参考にして頂ければ幸甚です。

① 　将来の後継社長候補

② 　事業承継の基本を学びたい方

③ 　起業を志す方

④ 　第二創業を目指す方

⑤ 　M＆Aを検討されている方（売り手・買い手）

⑥ 　経営革新等支援機関（公認会計士・税理士・金融マン）

2020年9月

著　者

※2020年9月1日現在の法令によります

目　次

第5章　経営の承継―――――――――――― 162

第1章　なぜ事業承継が緊急かつ優先課題か

1．事業承継の現代的課題

　2010年を境に人口が減少し始め，少子化が叫ばれるようになりました。事業承継の難しさ，後継者難の第一の原因が高齢者人口の増加と少子化であることは，周知の事実です。

　日本は戦後高度経済成長を経て，前回の東京オリンピック，バブル，ITバブル，アベノミクスと続き，「モノ」があふれ，手に入らないものはないと言われています。

　今回の新型コロナの影響で，テレワークの普及，ネットビジネスの重要性を痛感しました。今はあっても今後必要でなくなる，仕事・部署・業種がぼんやりですが見えてきました。ちなみに私が所属している公認会計士・税理士業界も内容は大きく様変わりしてくると思います。

　上記の社会情勢の変化も事業承継・後継者難に大きく関わってくると感じています。事業承継の後継者が「跡を継がない」「跡を継ぎたくない」「跡を継げない」根本的な理由は以下の4点にあると考えます。

(1)　さまざまな職業があり，選択の自由が当たり前になったこと

　昭和の時代までは，嫡男もしくは，娘が養子をもらい家督を継ぐのが当たり前の世の中でした。しかし，今は大学で学んだ知識をもとに一流企業で働く，ベンチャー企業を立ち上げ挑戦する，専門職であれば，医師・弁護士・会計士等になりたいという選択肢を否定することができない時代に

なりました。

　中小企業経営者の息子に生まれたという理由だけで，後継者になるのに抵抗する人がいても当然です。筆者のお客様にもある例ですが，病院のご子息で医学部を卒業しても，大学に残って研究医を志したいとか，親とは別に他の地域で医療貢献をしたいというケースもあります。

　他に一般の中小企業の例で，毎期業績好調で現社長は営業から製造現場，資金管理，人事掌握までされています。息子はそんな経営者としての父の姿を見て，「社長のような経営者にはなれない。なりたくない。」という場合もあります。後継者である息子は，自分の興味ある芸術面を大切にする生き方を重んじ，父である社長のように四六時中仕事に没頭する生き方を拒みました。結局，息子は財務のプロフェッショナルとなり，資格取得後，財務のCFOとして役職についています。

⑵　会社は「実は儲かっていない！」

　高度経済成長期のように景気が良かった時代でも，中小企業を見れば，黒字会社に占める割合は40〜45％程度で，バブルの時でさえ40％前後だったと言われています。

　1990年代に入って，バブル崩壊，リーマンショックを経て，アベノミクスで少し持ち直して，ようやく黒字割合は30％前後です。

　戦後の物資不足で，作れば売れる時代であれば，高度成長の波に乗り，よほどの失敗をしない限り，黒字を保てる時代がありました。私の学生時代までは，会社経営者のおうちは裕福だった記憶があります。

　しかし，ITバブルと称された2000年代に入ると，会社でのヒット商品の寿命は短く，一層のスピード経営が要求され，社長の判断力，行動力が重んじられる時代となりました。

　今期にたまたまヒット商品が出ても，情報化の発達とグローバル化の進

展で，いつ他社に追い込まれるかわからなくなりました。今やモノは世の中にあふれ，便利で安価なものが作られ，サービスも高度化し，何時会社の明暗が逆転するかわかりません。

　商品開発についても，グローバル化の波で，海外も含めて競争は激化するばかりです。また雇用面においても，どの業界も人手不足に陥る一方，労働基準法改正で男女雇用機会均等法および，時間外労働の規制が厳しく，施行以来従業員有利になり，経営者（雇用主）には，ますます経済的負担が増してきています。社会保険料，消費税を含む税金等についても，経営を圧迫する要因となっています。

(3)　リスクが大きすぎる

　会社経営が順調で増収増益が続いているときは，問題ありませんが，(2)でふれたように，会社経営は「山あり谷あり」で思いどおりに行く方が珍しいと言えます。

　もし，会社が破綻するようなことがあれば，日本の金融制度では，経営者は会社の借入れに対して，保証人として自己の財産をすべて犠牲にして返済する義務を負います。会社経営が順調な時に高額な役員報酬を取ればいいですが，税の仕組みとして，高額な所得税等が個人に課され，手取金額にしては思ったより少額になります。

　家族経営なら問題はありませんが，通常の中小企業は従業員を雇い事業活動を行っています。雇用を守り，その家族の生活も負担することになります。今日のように，人口減（市場の減少），グローバル化，デジタル化の波に押され，スピード経営が要求される中で瞬時の判断ミスが命取りになることもあります。

　もしも会社が破綻して，保証人として弁済が十分でない場合は，自己破産という道が残されています。アメリカの場合は，自己破産をしても次に

挽回のチャンスがありますが，日本では，ほとんどの場合，失敗者としての烙印が押され，ビジネス上再起不能になることがほとんどです。

　バブル崩壊後，多くの方が自己破産し，そのことで再出発に踏み出せないケースがあります。故意や悪意による破産でなければ，再出発の道を選べる法整備が必要です。

　以上のように，後継者になることは，成功して会社を成長させれば賞賛されますが，失敗した時のリスクがあまりにも大きすぎると言えます。

⑷　先行き不安（さまざまなプレッシャー）

　後継者になるということは，ドラッカーが言うように，四六時中仕事のことを考え，努力する必要があるということです。少しでも手抜きのタイプであれば，後継者は務まらないと思います。

　先代社長が経営をされていた会社は，その当時の時代背景をもとに熱き思いで事業をされていたと思います。今は時代の流れが速く，社会情勢による顧客のニーズも刻々と変化しています。この状況下で，会社経営をうまくやって当たり前。できなければ，出来の悪い二代目の烙印を押されます。先代社長から経営を引き継いだ時点で，後継者には，家族，従業員，取引先，取引銀行等に対する責任が生じます。

　後継者はリレー競争になぞらえると，先代からのバトンを引き継ぎ，次世代へのバトンを引き渡す役目を持っています。また，従来の事業をそのまま引き継ぎ，良いものは残し，必要のないものは捨てさる勇気と眼力が必要です（選択と集中）。

　同時に時代に合ったものを考案，開発するという経営革新を起こさねばなりません。先行きについては，後継者だけではなく，だれでも不安を持ち続けるものです。従業員については，生命だけではなく，雇用の維持，取引先の突然の倒産，売上の激減，資金については，突然の資金ショート

等，常にリスクコントロールが必要となります。

　今回のコロナ禍のように誰もが予想しなかったリスクについても常に意識しておかねばなりません（コロナ禍については**第2章**で詳しく説明いたします）。

2．事業承継と後継者難の今後の方向性

　当面の間（2021年末頃まで）はコロナの影響で廃業を検討する企業や，後継者問題や先行きに不安を持つ企業への再生案件への選択肢としてM&Aが活用されると思われます。私なりに今回の状況を考察して，今後の事業承継について以下のように考えます。

(1)　コロナ禍収束後2022年以降

　後継者難による事業承継は3年から5年で早くケリをつける。つまり，先延ばしが許されません。乗り遅れると廃業もしくは，倒産の憂き目に合う可能性があります。

(2)　コロナ後の景色は一変

　勝ち組と負け組が鮮明になる。

　日本電産会長の永守氏曰く，「業界にもよりますが，それぞれの業界で2，3の勝ち組とその他負け組に分かれる。早く結論を出し，スピード経営に徹し，合理的に行動する者が勝ち組で残る。グズグズ悩んで結論を先送りし，行動しない者が負け組になります。」

　今回のコロナ禍で需要が一瞬にして蒸発した産業が，2〜3年後にそのまま戻らないか，徐々に需要が回復するか，一気にV字回復するかは，経営者の先見の明に尽きると思います。

(3) 2025年問題の内容が激変

　従来は経営者が高齢化し，その中でも後継者が決まらない中小企業が多く，早く後継者を決めなければ，廃業もしくは事業の継続が困難になると言われてきましたが，結局決まらない状況が多かったといえます。

　コロナ後については早急に後継者（親族内承継，親族外承継，第三者承継のうちどれか）を決めなければ，廃業となりかねないので，事業承継問題は完結し，次の10年，20年へと動き出します。

(4) 2030年以降の事業承継問題の行方

　後継者難による事業承継はほとんど解決されていると思います。なぜなら，跡を継ぐ人（全体の20〜30％），継がない人（70〜80％）は廃業，または新事業に就くと思われます。理由は以下のように考えます。

① 　今の50代以下の経営者に，跡継ぎ問題の意識が，若年層になればなるほど希薄である。現在50代の社長自身が自分たちの味わった将来不安要素を抱える事業承継の悩みを持ち続けるかは，疑問。最近40代，50代の社長自身が会社を売却するケースが増加し，創業者利潤を獲得し，次の事業に転換するか，リタイアメントする者も現れてくる。非常にドライな考えで，会社を売ることに対する抵抗感がなく，極めて米国的になってきている傾向がある。

② 　事業をこのまま残すか，事業をたたんで新規事業を興すか，業界再編の波に飲み込まれるか，他者（他社）に経営を委ねるか選択の判断に迫られる。

③ 　今から20年，30年間利益を上げ続けるビジネスが存在するかは疑問と言わざるをえない。

④ 　およそ10年に一度，景気や災害によるリスク（リーマンショック，

自然災害，コロナショック等）による，企業経営の毀損に耐えられないこともある。

⑤　下請けの二次請け，三次請けの会社が今のまま生き残り，存在しているかは，甚だ疑問であり，どこかの会社のグループの一員となっている可能性が高い。

⑥　どの企業についても，従来の商品，商売のやり方で通用するのか。今後のスピード化，デジタル化，国際化の波についていけない企業，イノベーションにより独自性を発揮できなければ生き残れない。

⑦　伝統を守る技術・産業と，属人性が強い業種の場合，3K（きつい，汚い，危険）と言われる事業は，親の跡を子供は継ぐが孫になると継いでくれないこともある。

⑧　デフレによる供給減少（生産量減）により，会社の数も減少し，その結果として社長の数も減少する。

よって，10年以上前から，国を挙げて事業承継問題が大きく注目されてきましたが，将来的には悩みが解消されると思います。

会社の社長もしくは後継者は経営戦略を学び，自社に合った経営計画を作成し，経営力を高める必要があります。

(5)　コロナ後について

コロナ後は，産業構造の変化やデジタルフォーメーションと略される，高速インターネットやクラウドサービス，人工知能（AI）など，情報技術によってビジネスや生活様式のレベルが高くなっていくことが想定されます。今後については，①そのまま残る，②姿を変えて残る，③まったくいらなくなるに分類されます。新陳代謝が進む中でビジネスモデルの変革やオフィス業務の刷新ができない旧態依然の会社は生き残れません（新産業革命）。

３．M&Aの隆盛

(1)　2025年問題の内容の激変を受けて

　従来は経営者が高齢者で後継者難の場合，M&Aの解決法も一手段と言われていました。すなわち，後継者のいる方は事業承継をし，いない場合は，M&Aもしくは廃業の選択でしたが，このパターンに事業継続が困難になり，倒産するというケースが増えてきました。

(2)　企業の立ち位置

　企業は元来，買い手か売り手のどちらかに属し，時代の変遷とともに転化します。今は余力があり，買い手側に属していても，産業構造の変化，価値観の変化，業界再編により買い手企業が売り手企業に変わる場合が増加します。一時的に，予想以上の景気の落ち込みがあり，買い手が委縮することにより，M&Aが減少することがあったとしても，景気はいつの日か回復するので，その時にはM&Aが頻繁に行われるようになります。

(3)　2020〜2025年にかけての状況

　市場の経済状況にもよりますが，企業救済型は廃業を避けるために増えると思われます。ただし，件数は増え続けても，１件当たりの金額は減価するものと思われます。

　従来買い手側の企業が，コロナ禍により状況が変わり，売り手に転じることも想定され，M&A件数は増加傾向になると思われます。

　なぜならM&Aの価額のほとんどは，企業のキャッシュを稼ぐ力EBITDAの倍率によって決定されるからです。

　たとえば，コロナ前に８倍，コロナ後５−６倍だとすれば，７掛けの評

価で決定されます。

EBITDA（Earnings Before Interest Tax, Depreciation,
and Amortization）：支払利息・税金・減価償却費等控除前利益

　EBITDAは，「キャッシュ利益」とも言われ，企業間における資本構成の
違い（支払利息），各国の税率の違い（税金），会計処理方法の違い（減価償
却費）による影響を排除した企業の収益力をみる総合的指標として利便性の
高いものです。簡便的には「税引前利益 ＋ 支払利息 ＋ 減価償却費」

⑷　50代経営者

　上記２．⑷①でもふれましたが，50代経営者は，今後のM&A案件の増
加を眼のあたりにして，企業価値のある間にM&Aをすることにより，創
業者利潤を獲得し，新規事業への転換を図ることも容易になります。

⑸　アフターコロナ

　コロナ後には，経済状況も様変わりし，今必要であっても将来的に不安
定な業種がなくなる一方，リノベーションにより新しいニーズが生まれる
可能性のある業種の台頭など社会経済の大変革が起こると思います。
　そうした流れのなかで業界再編が活発に行われ，後継者難・人手不足に
よる承継難は激変すると思われます。

⑹　M&Aを動かす業界の２つの見解

①　M&A消極派
　東京五大大手法律事務所は新型コロナの影響でM&Aの依頼件数が減り，
新規採用を減らすという報道がありました。大手が得意とする大規模な

M&Aや危機管理事務には大量の文書確認などの事務があり，人海戦術的な作業も多く，収益面の貢献も大きかったわけです。しかし，コロナ禍による景気の不透明感が強まると，「M&Aの買い手側が様子見姿勢を強め，案件成約が減少する。」（国内証券会社談）と予測されています。

②　M&A積極派

コロナ騒動以降，M&Aに関する問い合わせ件数が増大し，従来からの受託案件も成約に結び付き，増加しています（日本M&Aセンター談）。

また，足元では「資金繰りが苦しくなると廃業が増え，事業再編が起きる。」（三井住友トラスト・アセットマネジメント談）とも言われています。

世界的にも一時的なバリュエーション低下とカネ余りが活発なM&Aにつながる期待もあります。

⑺　M&Aについての２人の経営者の見解

①　Ｍ＆Ａ消極派（日本電産株式会社　会長兼CEO 永守重信氏）

1973年７月，永守氏が３人の仲間と興した日本電産は，2020年３月期売上高１兆5,348億円，営業利益1,103億円に達しました。これまで60社超の企業を買収し，特に1990年代には国内の業績不振企業をＭ＆Ａしては，再建してきたが，これもまた精神論だけでできるものではありません。

永守経営は社員の士気の高さ，つまりやる気（EQ）を何よりも重視します。社内の熱気を高めながら，徹底したコスト削減としたたかな戦略で市場に切り込んでいくのです。

1980年代から1990年代にかけて，ハードディスク用の精密モーター市場を席巻し，2000年代に入ってからは，海外企業のＭ＆Ａで車載，家電，商業・産業用モーターへの事業ポートフォリオの拡大・転換を果たしてきました。

以上のように日本電産はM＆Aをテコに大きく成長してきたのです。

　今回，永守氏は各紙のインタビューに対して，「今回の新型コロナウイルスの影響は少なくとも1年。元に戻るまでには，普通3年くらいはかかるだろう。人命最優先に，ピンチをチャンスに変えていく。日本電産の部品の内製化や社内の構造改革を進める。」さらに「今はキャッシュイズキング（現金は王様）。企業の買収価格が去年より3割下がったとしても，現金の価値は5倍から10倍上がっており，同じ1億円でも去年と今では，価値は全く違う。先がみえるまでは安易な投資をしないほうがいい。」と，M＆Aについては，消極的な考えを述べました。M＆Aについては，2～3年後経済の混乱が落ち着いてから，再度，2030年までの目標売上高10兆円に対して，積極的に仕掛けていくものと予想されます。

②　M&A積極推進論（アパホテル社長　元谷芙美子氏）

　2月までそれほど大きなダメージはなかったが，3月に入ってから，海外からの観光客が激減し売上も半減しました。

　新型コロナウイルスの影響が出るまで，都心には100％稼働率のホテルもあったが，3月の客室稼働率は平均で約50％になりました。

　東京オリンピックの延期も痛手で，期間中に関係者から受けていた3万6,000室分の予約がキャンセルとなりました。

　10年ごとにこのような大ショックは起きています。12年前はリーマンショック，その10年前もアジア通貨危機が発生しました。こういう厳しい経済状況では，強いところが弱いところを買収して強くなっています。

　ホテル事業は日銭商売のため，今のような状況が数ヵ月続けば，経営困難に直面する企業がでてきます。現に，関西ではWBFホテル，ロイヤルオークホテル，セントラルインなどのホテルが経営破綻し，今後も増加が予測されます。財閥系や電鉄系のホテルチェーンが強い中，今回の経済変

動というピンチをチャンスと捉えて，次の手を考えているのが，アパホテル社長の元谷芙美子氏です。

　ホテル業界の寡占化に一番乗りをしたいと，零細ホテルだけではなく，ある程度の規模があるホテルチェーンの買収も視野に入れています。

　国内ホテルの客室数が100万室あるうち，アパホテルのシェアは，まだ10％程度です。業界での断トツの存在になるために，シェア20％を目指しM＆Aを積極的に行いたい意向です。

　現在は，新型コロナウイルスの影響で出勤を規制されているビジネスパーソンに，客室を日中のテレワークの執務室に利用してもらうなど，空室対策には工夫を施しています。

　結論として，M&Aについては，すぐに仕掛けるか，タイミングをみて実行するかの違いで，「成長戦略としてのM&Aが事業承継およびコロナ不況を救う」といっても過言ではありません。

第2章　コロナが脅かす企業経営

1．コロナ・インパクト

　通常，不況とは需要が減少することです。「コロナショック」の特徴は，需要と供給を一気に凍り付かせたことにあります。まず中国で経済活動が停滞し，サプライチェーン（部品の調達，供給網）が寸断され，日本では部品調達の遅れで稼働停止に追い込まれる工場が相次ぎました。

　さらに，感染症は全世界に広まり，全世界の全ての消費と生産が停滞してしまいました。消費も生産もなければ需要がなく，需要がなければ生産もないという悪循環が生じています。しかも，全世界を巻き込んでいるのだから，ショックは次々と世界に広がり，収束の見込みはつきません。

　「一つの場所で起きたことが瞬時に世界に広がる」という経済のグローバル化が裏目に出たとみる経営者もいます（ファーストリテイリングの柳井正会長兼社長）。

　部品調達の遅れに消費の冷え込みが重なり，生産停止にも拍車が掛かります。トヨタ自動車などの製造業は相次いで生産を停止し，中小企業の「コロナ破綻」も相次いでいます。

《リーマンショックとコロナショックの比較》

リーマンショック (2008〜09年)		コロナショック (2020年)
▲5.4% （09年）	国内総生産 （GDP）	▲5.2%
138兆円 （08年10月末）	株式市場の 時価総額消失額	124兆円 （3月末）
▲13.1% （09年3月全国）	百貨店売上高	▲6割超※ （4月前半大手3社）
▲41.3% （09年2月）	訪日外国人数	▲93.0% （3月）
▲25.3% （09年3月）	新車販売台数	▲9.3% （3月）
▲38.5% （09年4〜6月）	粗鋼生産量	▲25.9% （4〜6月）
56兆8,000億円 （09年4月）	緊急経済対策の事業規模	117兆1,000億円 （4月）

注：▲はマイナス。GDPは前年比，2020年は国際通貨基金（IMF）予測。時価総額消失額
は3ヵ月前と比較。百貨店売上高，訪日外国人数，新車販売台数は前年同月比，粗鋼生産量
は前年同期比，2020年4〜6月は経済産業省予測。
※　世界的に感染が広がると，訪日外国人の激減や外出自粛で観光地や飲食店から客足が遠の
いた。自治体の休業要請に従った大手百貨店の4月前半の売上高は，前年同月から6割超
減った。

　リーマンショックでは，別の道筋をたどりました。信用力が低い人向け
の住宅ローン「サブプライムローン」の焦げ付きが引き金となり，信用不
安が深刻化。世界で株価が暴落し，金融市場では資金の出し手が消えまし
た。

　金融の目詰まりは徐々に実体経済をむしばみ，日本では「派遣切り」が
頻発しました。2009年の日本の成長率は前年比でマイナス5.4％に沈みま
した。国際通貨基金（IMF）は，2020年の日本のGDPが前年比マイナス
5.2％に落ち込むとみていますが，感染拡大が長期化すれば，マイナス幅
は2009年を上回るおそれもあります。

　証券チーフエコノミストは，「実体経済の悪化が金融危機につながるリスクがある」と指摘し，需要急減を背景にした石油価格の暴落などが金融危機となることに警鐘をならしています。

　「無印良品」を運営する良品計画の松崎暁社長は，感染が収束しても消費マインドは「コロナ前」に戻らないとみています。消費者は「持たなくてもいい」「買わなくてもいい」という心理が働くと予測しています。

(1)　衝撃のシミュレーション

　帝国データバンクが4月下旬にまとめた資料によると，売上高が半減する状況が続き，政府の財政金融支援が見込めなければ，11ヵ月後には60万社超が倒産の危機に陥ります。新たに200万人超が職を失い，完全失業率は3月の2.5％から年内にも5.6％に上昇するとの試算もあります。4～6月期の経済成長率を戦後最悪の年率マイナス30％台と見込んでいます。

　「感染死者を減らせても，経済的な死者がそれ以上に増えれば，コロナとの戦いに負けたことになる。」（ニッセイ基礎研究所の斉藤太郎氏）という意見もあります。

　新型コロナウイルスの感染拡大により，日本企業は未曽有の危機に直面しています。サプライチェーンの混乱による生産停止と，外出自粛に伴う自動車や観光分野などの需要蒸発という需給両面のショックに同時に襲われ，企業活動はまひ状態に陥っています。

　トヨタ自動車など自動車各社は2月以降，感染拡大の震源地となった中国工場が停止。感染が広がるにつれて，世界各地の工場が次々と操業停止に追い込まれました。国内でも海外からの部品供給が滞るだけでなく販売減少が重なり，多くの工場で生産調整を実施。業界関係者は「状況が刻々と変わり，対策を取るのが難しい」と悲鳴を上げています。

　影響は周辺産業にも広がっています。車向け鋼材の需要減少で鉄鋼大手は相次いで高炉の一時休止を決定し，タイヤ大手のブリヂストンも国内工場の稼働停止に追い込まれました。

　小売業も深刻な打撃を受けました。百貨店では高額品消費を支えてきた訪日客が消え，3月以降は免税売上高が前年同月から90％以上減少しました。4月の緊急事態宣言後は多くの店舗を休業し，売上高は激減しています。

　半面，外出自粛で「巣ごもり消費」が活発化し，食事宅配サービスやゲーム機の需要が伸びるなどの商機も生まれています。

　米マッキンゼー・アンド・カンパニーの桑原祐シニアパートナーは「人とモノ，カネの自由な移動を前提とするグローバル経済は脅威にさらされている」と指摘し，世界経済は感染収束後も以前の安定した姿に戻らないと予想しています。そして，非対面での販売やテレワークといったデジタル化をあらゆる分野で加速させるべきだと強調しています。

《企業への主な影響》

自動車
部品供給の停滞と需要不足が重なり，世界各地で工場操業停止

鉄鋼
自動車向け鋼材の需要低迷で高炉を一時休止

百貨店
訪日客向け免税売上高が前年同月比で90％以上減少。店舗休業

その他
「巣ごもり消費」拡大で食事宅配サービスやゲーム機の需要増

(2)　忍び寄る世界デフレ

　デフレとはデフレーション（物価が持続的に下落すること。企業の倒産，

失業者の増大など不況や社会不安を伴うことが多い。物価の動きとは無関係に実質産出高の低下や失業の増大が生じた場合を言う。）の略で，私たちが普段買っている日用品やサービスの値段（物価）が全体的に下がる現象です。つまり，モノに対して，貨幣の価値が上がっていく状態を指します。

　デフレになるとモノが売れず不景気になります。企業の業績は悪化し，従業員の給与が減ったり，リストラにより失業者が増えたりします。そうなると所得が減るため，消費者は消費を控えるようになります。また，貨幣価値が上がるため，借金をしている人は負担が重くなります。そこで，さらに企業は抱えた在庫の処分売りを行うため，モノの価格を下げるなど，悪循環が発生しやすい状態と言えるでしょう。

　新型コロナウイルスによる経済活動の停滞が，世界に物価の下落をもたらしています。日本では緊急事態宣言が39県で解除され，各国でも人の往来や生産が戻りつつありますが，いざ経済活動を再開してみると消費が鈍い状況です。解雇や賃下げによる個人の収入減が購買余力の低下につながったほか，感染へのおそれが消費を委縮させています。世界デフレの回避に向けた政策が不可欠です。

　中国では，5月1日〜5日の労働節（メーデー）の連休は久々に旅行者があふれました。ただ，国内旅行客数の1億1,500万人は前年同期の半分ちょっとでしかありません。感染を避けて外出を控える動きがなお続いています。将来に不安を感じ，余計な支出を避けるために家にこもったという人も少なくありません。

　家電や家具，カーテンなど幅広い消費につながるため注目される住宅販売（主要4都市）では過去5年平均の7割ほどで，労働節でも過去平均に届きませんでした。生産に連動する発電用石炭の消費量（電力大手6社）がほぼ回復したのとは対照的です。

　消費が伸びないのに製品の供給が増えれば，物価は下がります。中国の出荷価格は４月に前年３％と４年ぶりの大幅低下となりました。サービス価格も低調で，物価が上がりにくい「ディスインフレ」の懸念が再燃しています。

　コロナショックは，企業が製品やサービスを提供できなくなる「供給不足」と消費が減る「需要不足」の両面があります。供給不足が勝ればインフレになりやすいが，中国が示唆するのは需要の減少が深刻なデフレのリスクです。

　国際通貨基金（IMF）は４月，各国の2020年の物価上昇率（前年比）の予想をいっせいに引き下げました。失業率が20％を超えると予想される米国も０％台の見通しです。

　市場の見通しはさらに厳しい。物価に連動する金利と固定金利を取引する「インフレスワップ」は取引参加者の物価予想を映しています。

　デフレでは消費者が値下がりを予想して買い控えます。企業が値下げを迫られ，賃金が下がる悪循環が起きやすくなります。長引けば，企業の破綻も増え，企業の資金繰りや銀行のバランスシートまで影響が波及すると，さらにデフレ圧力が増すため，時間との戦いになります（デフレスパイラル）。

　消費を回復させるには，感染や雇用への不安を除くことがまず求められます。コロナ禍でも医療従事者やネット通販・宅配・在宅勤務関連のIT（情報技術）企業などは採用を増やしています。次世代への投資を加速するチャンスでもあります。うまく人材教育しながら雇用をシフトするなど，「世界デフレ」を新常態にしないための矢継ぎ早の対応が必要です。

(3)　景気悪化　戦後最悪か

　2020年１〜３月期の実質国内総生産（GDP）は，新型コロナウイルス

の感染拡大による国内外の需要減で，4年3ヵ月ぶりに2四半期連続のマイナスで，年率換算3.4％減となり，コロナショックが本格化する4～6月期は年率換算で20％程度の大幅下落が想定され，その後の回復の道のりも険しく，民間シンクタンクは，戦後最悪の落ち込みを予測しています。

新型コロナウイルスがもたらす不況が底なしの様相を見せ，企業倒産と金融不安の負の連鎖を警戒する声もあります。「かなり厳しい状況だ。年後半にプラス成長に転じるとしても，GDPが元の水準まで回復するには年単位の時間がかかるだろう。」と内閣府幹部は日本経済の先行きに不安を漏らしています。

2020年1～3月期は本来，消費税増税などの影響が落ち込んだ2019年10～12月期の反動でプラス成長に戻ることが期待されていました。しかし，コロナの影響で個人消費や輸出，設備投資など主要項目が総崩れになりました。

《1～3月期実質GDPの減少項目と主な要因》

	前期比	要　因
個人消費	0.7％減	外出自粛で旅行，外食への支出減
設備投資	0.5％減	不透明感の高まりで企業が投資手控え
輸　出	6.0％減	海外経済悪化で自動車輸出が減少
輸　入	4.9％減	国内需要の減退に伴い減少

日銀短観の6月公表分をみると，一部の業種（情報サービス，通信，建設など）を除く多くの業種で景気判断を示すDI（業況判断指数）は悪化しています。

政府が恐れるのは，経済活動が制限される現在の状況が長引き，「失業や倒産が増え，不良債権の増加を通じて金融システムにも影響が出てくる」（内閣府幹部）展開です。

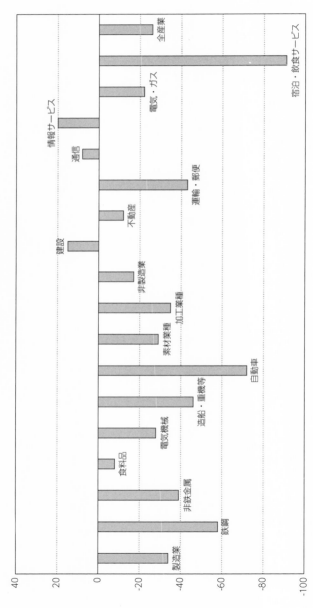

《日銀短観2020年6月分業況判断指数》

（出典：日銀短観）

　企業倒産による貸倒れの増加が金融不安に結び付けば，経済の血液である資金の流れが滞り，景気全体に格段に大きな下押し圧力が加わることになります。

　すでに予兆は表れ始めています。東京商工リサーチの集計で，5月20日現在，倒産は170件を超え，5月15日にはレナウンが経営破綻しました。貸倒れに備えるメガバンクの21年3月期の与信費用は，リーマンショック以来11年ぶりの高水準に達すると見込まれています。

　2020年7〜9月期は経済活動が本格的に再開，前四半期に比べた伸び率でみると大きな回復が見込まれます。ただ，感染防止のため，人と人との接触を回避する「新しい生活様式」で需要は抑えられ，GDPの水準がコロナショック前に回復するには時間がかかりそうです。短期間で急回復する「V字回復」の期待は後退し，回復が穏やかな「U字」や停滞が続く「L字」などのシナリオが浮上しています。

(4)　収束後「脱中国」焦点

①　操業再開

　世界でいち早く，新型コロナウイルスの感染拡大が深刻化した中国では今，経済活動が再開しています。トヨタ自動車やホンダなど日系自動車各社の工場は，通常稼働に近づいています。政府による購入支援策もあり，中国国内における日系各社の自動車生産・販売は「コロナ前」の水準に回復しつつあります。

　トヨタ自動車やマツダは，4月の中国国内における新車販売台数がそれぞれ14万2,900台，1万7,091台だったと発表しました。0.2〜1％という微増でしたが，両社とも前年同月の実績を上回ったのは4ヵ月ぶり。ホンダも3月の50.8％減から10％減まで縮小しました。

　中国大陸における感染拡大の勢いは鈍化し始めたものの，省をまたぐ人

やモノの出入りが厳しく制限されています。「工場で生産を再開しても出荷が滞る恐れが高い」と見る向きもある一方，ガラス大手のAGCが省境での検問を簡略化されたことについて，日本の経済団体幹部は「生産を中国に一極集中させることをリスクと見た外資企業が国外に移転することを防ぐ思惑もある」と，異例の厚遇を分析する向きもあります。

② 綻　び

1990年代以降，モノ・カネ・ヒトが国境を越えて自由に行き来するグローバル化が世界経済の発展を推し進めてきた中で，中国は，「世界の工場」と呼ばれ，製造業などの生産拠点を担ってきました。コロナ危機で，中国に依存する世界のサプライチェーン（部品供給網）は綻びを見せ始めています。

　生産拠点の「脱中国」を図るべきという声が大きくなっています。「ローコストカントリー」よりも，安心，安全，政治的に安定した国の優位性が高まりつつあります。自動車産業は，コスト競争力などを重視し，輸入部品の３割を「世界の工場」へ依存しています。一極集中は災害や今回のような新型ウイルスの感染拡大など，万が一の際のリスクも膨らませます。

　日本だけではありません。米国も，中国に拠点を持つ米国企業に対し本国回帰を進めるよう強く求めています。

③ 新しいグローバル化

感染拡大は新型ウイルスがたやすく全世界に広がるリスクを意識させ，グローバル化の動きが逆回転しています。世界経済は分断し，ブロック化が進むのでしょうか。

　ここに，注目すべき発言があります。日本電産の永守重信会長は，国境をまたいだ企業のサプライチェーンは分断され，グローバル化の限界が指

摘されるという日経新聞のインタビューに対し，「逆だ。グローバル化は
もっともっと進む。自国にサプライチェーンを全部戻すのはリスクを増や
すだけだ。40ヵ国以上に工場を持ち，リスクを分散したと思っていたが，
部品のサプライチェーンまで思いが完全に至っていなかったと猛省してい
る。もう一回コロナ感染が広がったらどうするかを考え，数年かけて作り
替える。」「新型コロナで自由優先主義は揺らぎ，改善に向かうと期待して
いる。コロナウイルスの予防治療薬の開発にも国際協調が必要だ。」と述
べています。

　コロナ後の時代「アフターコロナ」の行方を占う上で，カギを握るのは，
インターネット上の新しいグローバリズムです。新型コロナがデジタル化
を加速させます。感染拡大は，グーグル，アップル，フェイスブック，ア
マゾン，マイクロソフトの「GAFAプラスM」の存在感をさらに高めます。
グーグルとアップルは，アプリで感染者と濃厚接触した可能性を知ること
ができる技術を共同開発し，フェイスブックは世界各地で外出を自粛して
いる地域を中心に，利用を大きく伸ばします。

　テレワークの拡大で，ビデオ会議システムを提供する米新興企業ZOOM
（ズーム）は１日当たりの会議参加者を３億人超に急増させました。

　中国企業も先手を打つ。IT大手「アリババ集団」は感染が疑われる症
例のCT画像にAI（人工知能）を使って１回当たり20秒で解析できる技術
を世界の医療機関に無償で提供しました。

　４月16日，中西宏明経団連会長は，「新型コロナは，日本社会がデジタ
ルの領域でいかに世界の後塵を拝しているかを浮き彫りにした」との危機
感を表明しています。

(5)　逆風下を耐え抜く企業は財務基盤が命運を左右する

　新型コロナウイルスの影響で大きな打撃を受ける企業が多い中，財務体

質の健全化に注目することが，一層重要になっています。

　とりわけ大切なのは，企業がどれだけ潤沢に自己資金を持つかを示す貸借対照表の分析です。資金繰りに十分な余力があるか確かめる指標として役立つのが，「手元流動性」です。預貯金と換金可能な有価証券を合わせた金額を月間売上で割って求めます。「月商の何ヵ月分を賄うだけの支払い余力があるか」を示します。

　今回のコロナでアパレル業界で明暗を分けた2社をみてみます。

　レナウンの場合，19年末時点で預貯金は53億円，手元流動性比率は，1.4倍でした。既存店売上高は3月，4月と1年間前よりそれぞれ4割強，8割強減っており，資金面から破綻するのは時間の問題でした。

　一方，ファーストリテイリングは2月末の現預金が1兆円を超えており，流動性比率は，5.7倍で財務面の耐久力は大きく勝ります。

　手元資金の額だけではなく，借金に依存していないかを確認することも欠かせず，手元流動性から銀行借入金や発行社債などの有利子を差し引いた「ネットキャッシュ」をどれだけ持っているかが重要です。平時なら余剰キャッシュは資本効率の低下を招きますが，コロナ禍では，むしろ余裕があるほうが評価されます。

　キャシュリッチ企業は耐久性に加え，不況下でも攻めの投資に活用できます。コロナ株安で時価総額が減った企業に，もしくは有望中堅企業で価値はあるが一時的に時価が下がった企業に対して，M&Aに資金を振り向けることも可能になります。

　手元資金が豊富な企業が，コロナ後の経済混乱の下，成長戦略としてM&Aを活発化させることも考えられます。

(6)　企業の現預金志向が景気回復を遅らせる

　名古屋商科大学ビジネススクール教授の原田泰氏によれば，今回のコロ

ナ不況の対応にはいくつもの難しさがあるとのことです。『Wedge』2020年5月号によれば，以下のとおりです。

① 　今回の不況は，外食，宿泊，興行などのサービス業に直接的な打撃を与えています。これらは非正規，フリーランスが多い職場です。これまでの，事業主を通じた雇用維持や，雇用保険での対処に加えて新しい対応が求められることになります。

② 　日本国内の所得の低下によって，需要がないから生産しても仕方がないという状況が生まれています。国内の自動車工場の稼働停止は相次ぎ，自動車を組み立てなければその部品もいらないわけで，下請け企業の生産も低迷しています。

③ 　日本の企業はキャッシュリッチすぎると責められていましたが，コロナショックのように全く予想不可能な事態が起きれば，現預金の積み上げはリスク回避の手段となるため，この志向が長期的に影響を及ぼすでしょう。

④ 　政府の大規模な救済策がなされても，ある程度の企業の破綻や株価，信用度の低い債券価格の下落は避けられないでしょう。金融機関は，これらの損失処理によって自己資本を毀損する。自己資本の毀損から信用収縮が起きる可能性もあります。

2．ニューノーマル（新常態）と新しい生活様式

(1)　新時代の幕開け

　コロナショックのような衝撃は新たな幕開けとも言えます。明治維新以降，日本は近代国家となり，およそ30年間のサイクルで，過去の常識の破壊と，それを起点とする新たな繁栄期を繰り返してきました。

　世界恐慌から始まり，第二次世界大戦を挟む1930年頃から60年頃までの

混乱期を経て，90年頃までの高度経済成長期には"メイドインジャパン"の成功体験がありました。90年以降は，アジアをはじめとする，ものづくり海外シフト，また少子高齢化の本格化による市場縮小などがあって経済は停滞しています。2020年のコロナショックは，この停滞期の決定的な一撃となる出来事とも言えます。

　一筋の光があるとすれば，ここから次の新しい時代が始まるということです。今後日本ではさらに少子高齢化が進みますが，たとえば中小企業では，世代交代が進み，過去の成功体験を持った人は次の世代にバトンを渡すことになります。新しい世代が新しい成功体験をつくっていく時代が訪れるのです。

　人間はたくましいものです。今このような状況でも，多くの企業が知恵を絞り，新しいサービスを生み出しています。特に30代半ばより若い起業家の中に，肩に力を入れず自然に「社会を変えたい」「世の中をよくしたい」と考え，新しいビジネスを起こす人が増えています。

　以前のように売上を増やし上場したいと考える起業とは様相が変わってきています。今後は稼ぐことより，自己実現や人とのつながりを幸福と感じる若い世代による，従来とは異なるビジネスが興隆していくものと思われます。

　渋沢栄一は著書『論語と算盤』の中で，逆境の時の人々の心構えについて以下のように説いています。

① 　まず，今回のウィルスのような自然災害の際に大事なのは「足るを知る」ことだと言っています。

　　失ったものを悲しむのではなく，あるものに感謝する。そして「分を守り」「じたばたせず心のゆとりを持つこと」だと。

② 　人為的な逆境の場合，「ああしたいこうしたい」の心根を持つべきだと。やりたいことはあっても時間や資金，経験がない，あるいは健

康上の理由とかの制約があるからできないことがあります。しかし逆境で気持ちが沈んでいる時こそ，やりたいことを考え続けることが大事だと言っています。

(2)　経営のニューノーマル（新常態）を探る
　　～社長100人アンケートより

サプライチェーン	見直す必要がある	72.1%
	危機発生に対応し柔軟に調達先を変更できるようにする	65.3
	特定国への集中を見直し，分散を進める	57.1
工　　場	検温の実施	75.0
	ライン間隔や作業員同士の距離の見直し	60.2
オフィス	テレワークの継続	90.9
	時差出勤・フレックス制の導入	89.4
デジタル化	投資を増やす	63.6
	リモートワークの設備・機材	87.0
	セキュリティー強化	63.6

注：複数回答，「サプライチェーン」「工場」は工場を持つ88社対象

（出典：日本経済新聞電子版（2020.6.1）より作成）

　自宅などでテレワークを始めている人が急増，想像以上に企業経営に大きな影響を与える可能性があります。

　無駄な会議を実感している社員が多いと思われ，会社に集まる必要性を考え直すきっかけになり始めています。

　さらに，テレワークが一般的になると，大型オフィスビルの需要が減ることが予想されます。1ヵ所に社員が集まることがなくなれば，地価の高い東京の大型ビルに入る必要がなく，シェアオフィスの利用が活発になることが想定されます。郊外や地方の拠点都市に企業や従業員が分散するきっかけにもなります。

　東京一極集中が改まるきっかけになり，地方自治体にとって，必要な人材を取り込むためにも魅力ある街づくりがこれまで以上に求められることになり，そのための独自の施策が重要になります。

(3)　成長へデジタル革新

　経団連の中西宏明会長が新型コロナウイルスの感染症対策と経済活動の両立に向けて，マスコミのインタビューで次のように語っています（京都新聞2020.6.2）。

　感染収束後の新たな成長を実現するため，デジタル化をテコに社会改造革新に取り組むことです。デジタル革新への投資を加速させ，大幅に悪化した経済の回復を目指す考えです。

　外出自粛へ対応するため，各企業で急速に広まった在宅勤務については，時間や場所に縛られない働き方の可能性が見えたことを歓迎し，時間ではなく，成果を尺度にした賃金制度の導入を働きかけるなど，コロナ収束後もテレワークを定着させるべきという方向性を示しました。他方，デジタル機器を使いこなせず《働かない社員》が顕在化するという効果も見える化しました。在宅勤務は働き方改革にもなり，日本の競争力を高める優秀な人材を獲得するためにも，働き手が「働き甲斐」を感じられる制度を重視するとしました。

　新型コロナ問題の対応では，政府の支援等が迅速にいきわたらないなど日本の経済社会システムの危険性が浮き彫りになりました。

　政府や行政の電子化の遅れを痛感し，企業であれば潰れるのではとも言われました。医療や教育，産業などの様々な分野での徹底した規制改革とデジタル化，データ化，データの共有化の推進が重要であるという認識を改めて持ちました。

＊

さまざまな業界で変革が進むことでしょう。この機会をマイナスばかりにとらえず，プラスへの転換が重要であり，この厳しさから脱却するカギはデジタルということでしょうか。

(4)　コロナ関連倒産で最も多いのは「ホテル・旅館」

コロナ関連倒産は，業種別で見れば「ホテル・旅館」が最多であろうことは察しがつきます。この厳しい観光業の今後を星野リゾートの星野佳路代表が語っていますので一部を紹介します（日経新聞2020.6.2）。

観光業にとって大切なのは，今をどう乗り切るのか，という超短期的なことより，もう少し先を見た対策だと思います。

大事なのは，新型コロナに対するワクチンや治療法が確立される1年半後を見越した計画を立てることです。

コロナ禍によって観光業はいろいろな変化が起こります。一番大切なことは，密着・密接・密閉の「3密」を避けること。観光自体が良くないものと定義されてしまわないためにも，宿泊施設が拡散の拠点となることは，徹底的に避け，安心・安全な旅を提供しなければなりません。

日本の観光市場は約26兆円あります。その中身を見るとインバウンドによる市場は約2割しかありません。仮に今後1年半，インバウンドの需要がなくなったとしても，国内需要を伸ばせば乗り切れる可能性があるということです。

さらに日本からの海外旅行は，国内で支払われる金額だけで，1兆1,000億円の市場があります。現地でお金を使うことを考えると，実際はその2～3倍使われています。海外旅行に行けなくなれば，その分の消費が国内旅行に戻ってくる可能性があります。それを生み出せるかが，今後1年半の勝負です。

コロナ危機を受けて，この業界を離れようと考えている人もいるかもし

れませんが，今はこの危機を経験すべきで，この危機を乗り越えた経験は，今後の強い自信になります。

＊

さすが，現在の日本の観光業をリードするキーマンだけに，観光業を越えて，納得させる気概が感じられます。

(5) ニューノーマルへの期待
～在宅勤務による生産性向上と人材の確保

日本の歴史の中で，黒船の来航から明治維新，第二次世界大戦前後の混乱期に予想外の大きな力が働き，過去の常識や手法が通じなくなる半面，視野がぱっと開けるような転換期がありました。

今回の新型コロナウイルスは，非日常を日常に変える大転換期で，働き方を変える絶好の機会となりそうです。

在宅勤務を例に挙げると，すべての職種が当てはまるわけではありませんが，多くの企業が取り入れ，収束後もこのままの体制を維持したいという企業が沢山あります。提案業務は在宅に向くとされていますが，同業のコンサルタントの話によると，「相手に課題を与え，解決を指導するだけなら十分に成り立つが，テレビ会議では一方通行になりがちで，相手の気づきを待てない」とのことです。意思疎通の限界やコミュニケーションがうまく取れず，やはり直接面談しないと満足できるコンサルは少し難しいとのことです。

コロナ危機の前（プレ），途中，後（ポスト）の三段階で，在宅勤務の目的や評価の手法を整理した方がよろしいでしょう。出社とのベストミックスを求める「ポストコロナ」の時代には，労働時間の長さや態度よりも，具体的な目標の設定と達成が細かく問われるようになります。上司はウェブ上の面談やスマートフォンでのやり取りで仕事の進み具合を頻繁に点検

し，評価をこまめに伝える必要があります。

　在宅勤務については，「5年ほど前倒しするような変化が表れています。在宅勤務の成功例を組織内で横に展開していくことが大切だ」と日本テレワーク協会の富樫研究員は分析しています。

　在宅勤務は大都市と地方都市を結び，人材を相互に生かす可能性を秘めています。東京圏（東京・神奈川・埼玉・千葉）と大阪でテレワークの実施率が高いという統計があります。我々のようなコンサルタントや経営企画，広報，財務，マーケティングなどの仕事には，導入しやすく，定着するように思います。

　他方，働く場所の制約がなくなるほど，地方や中小企業にとっては，人材とりわけ参謀になるような優秀な人材を発掘しやすくなります。

⑹　「人手不足」が一転「過剰」

　新型コロナウイルス感染以前の京都は，訪日客がこれ以上増えたら，市民に迷惑とまで言われており，市長選の公約にまで挙げる候補がいました。

　コロナ後，外国人観光客の激減で，ホテル・旅館・レストラン・土産物店・旅行会社等関連企業は売上9割減の会社が多く，休業状態のところばかりです。

　それまでは，ホテル・飲食業は長時間，重労働の企業もあり，慢性的な人手不足で常に求人広告がでていました。ところがコロナ感染拡大で一転，雇用情勢が一変してしまいました。

　アルバイトやパートタイムの非正規社員は特に厳しく，産業全体で過剰であると答えた企業が21.7％と，7年ぶりに「過剰」が「不足」を上回る事態となりました。過剰人員であると答えた企業を業種別にみると，今まで人手不足だった「旅館・ホテル」が正社員で60％，非正規社員で100％でした。また，デパート，小売業の閉店が続いた影響で，アパレル業界も

大きな打撃を受け，正社員で60％の過剰となりました。

　今回のコロナ禍で，必要な人材も選別されるようになりました。

　テレワークの導入でデジタル化についていけない社員の選別や，どの業種もインターネット販売や配信による営業戦略に本腰を入れるようになりました。ビジネスにおける従来のビジネスモデルの発想を転換させる時代がきたようです。

(7)　７割経済と向き合う

　新型コロナウイルスの影響が長期化する中で，我々はあらゆる制限を受けながら共存共栄の社会を築く必要がありそうです。経済活動，日常生活，教育・文化活動，スポーツ等さまざまな分野で７割経済を目標とし，これをニューノーマル（新常態）として，いかに適応するかが問われています。

　昔から腹八分目という言葉がありますが，今までのように，売上倍増，収益拡大，店舗数拡張の時代は終わり，身の丈と現状を把握しながら，できる限りの範囲で活動することが求められています。

① 　海外旅行
　　以前ほど頻繁には行けなくなり，機内の座席をゆったりと空ける必要がある。

② 　コンサート・演劇・ライブ演奏
　　超満員の盛り上がりを避けて，座席・スタンドを空ける必要があり，ネット配信を併用する。

③ 　スポーツ競技等
　　②と同じで，従来の声援満載を避けて，シートを空けて，ネット配信を併用する。

④ 　レストラン・居酒屋等
　　換気やソーシャルディスタンスを配慮した座席数とする。

　以上のようにお互いが感染から身を守りながら，みんなで協力し合う世界が生まれようとしています。生活様式が一変する中で，従来の企業は目標7割，現実5割程度の数字で経営を考える必要があります。

　その半面，テレワークやネット社会を支えるIT企業の増大や，外食から中食への転換で，事業形態を変えることによって収益を確保する企業も増えています。

　コロナ後の社会は，経済全体が縮小しているので，その中で雇用の確保をしながら経済活動を平時に戻すことは，困難を極めることです。

第3章　M&A（戦略的事業承継）

1．M&Aの意義

(1)　定義と手法

　M&AはMergers（合併）とAcquisitions（買収）の略ですが，いくつかの手法があります。「買収」には「株式取得」と「事業譲受」があり，「株式取得」のやり方には「株式譲渡」「第三者割当増資」「株式交換」の3つの方法があります。

①　株式譲渡

　「株式譲渡」は売り手会社の株主が保有する株式を，買い手会社に売却することをいいます。経営権が買い手会社に移り，売り手会社は買い手会社の子会社になります。会社の株主は変わりますが，資産，負債や経営資源，従業員などはそのまま引き継がれ，事業は継続します。売り手会社の株主は，株式の売却代金を得ることができます。

　株式譲渡の場合，株主が社長1人なら問題はありませんが，株主が複数いて，その中にM&Aに反対して譲渡に応じない人がいた場合，買い手側は株式を100％買い取ることができず，完全な経営権を取得できません。

　また，自社株が多くの株主に分散している会社だと，その一人ひとりと交渉して株式を取得する必要があります。事前にできるだけ1人の株主に買い集めておき，株式を集中しておく方がスムーズにいく場合があります。未成年，認知症，行方不明などの株主がいる場合は，より多くの時間と労

力がかかります。

②　第三者割当増資

「第三者割当増資」は売り手会社が発行した新株を買い手会社に引き受けてもらう手法です。それによって，買い手会社が株式の50%超を保有することになれば，売り手会社の経営権を握ることになります。

　売り手会社は対価を現金で得られるので，設備投資や新規事業に使ったり，負債の返済に充てたりできます。経営者以外の人の持株比率を下げて，経営への関与や影響力を弱めるために利用されることもあります。

③　株式交換

「株式交換」は，売り手会社のすべての発行済み株式を買い手会社が取得し，対価として買い手会社の株式を売り手会社が受け取ります。買い手にとって買取資金が不要なのがメリットといえます。

　買い手が上場会社であれば，売り手会社は交換した株式を市場で売却して現金化することができます。

④　事業譲渡（譲受）

「事業譲渡（譲受）」は，会社の事業の全部または一部を別の会社に譲渡することをいいます。売り手側は不採算部門を切り離したい時などに利用し，買い手側は相手の資産や負債はいらないが特定の事業だけはほしい，という時に利用できる手法です。

　事業を譲渡した場合，譲渡によって得られた対価は，株主ではなく会社が受け取ります。それを債務返済に充てたり，設備投資に使ったりできるほか，取得資金を分配して会社を清算することも可能です。

　事業譲渡では，譲渡する事業に関わる資産の所有権や契約関係をすべて

買い手会社に移転する必要があります。たとえば不動産や固定資産は所有
権移転登記が必要で，オフィスの賃貸契約，電気やガス，通信関係も再契
約しなければなりません。

　従業員も売り手の会社をいったん退職し，買い手会社と新たに雇用関係
を結ぶことになります。事業譲渡ではこうした煩雑な手続きを漏れなく行
うことが重要になります。

⑵　M&Aのメリットとデメリット

　M&Aには多くの利点が認められますが，要約すると「"より早く，よ
り多く，より安く"外部経営資源が確保でき，しかも安全確実に新事業に
進出できる」ことです。

①　より早く

　たとえば，今までの伝統的手法では，製品や事業の多角化をはかる場合，
まず適切な事業用地を探し，事業所を建設し，従業員を募集し，教育訓練
をし……と時間とカネのかかる場合が多くありました。

　これでは次から次へと新製品が出現し，市場や製品のライフサイクルが
短縮している今日，製品開発競争にも勝てず，出荷のタイミングも逸する
という結果になりがちです。M&Aによりますと，すべて既存の外部環境
を活用しますから時間の節約にもなり（より早く），チャンスを逸せずに
すみます。

②　より多く

　次に「より多く」ですが，活用すべき外部資源のうちでは特に「人材」
が重要です。最近の技術革新時代には，技術やノウハウを有する人材を外
部に求めざるを得ないことが多いものです。

　M&Aによりますと，すでに教育訓練済みの従業員や技術者を即座にしかも大量（より多く）に，顧客ごとに確保できることになります。

③　より安く

　3番めに，「より安く」ですが，企業買収価格は，企業全体の価格ではなく，支配権（経営権）取得価格で足りるということです。

　すなわち，全株を取得する必要はなく，支配権取得に足りる株数（最大限51％）でよいわけですから，単純に考えても49％引きで買収したのと同じになります。仮に全株を引き取る場合でも，同じ企業を新たにつくる場合の出費を考えれば，比較にならないほど安いはずです。

④　安全性，確実性，効率性

　以上の3点のほかに，投資の安全性，確実性，効率性なども利点です。なぜなら新規に市場に参入する場合は道のないところに道をつくるのと同じく，採算の予測もつかず大きな危険を覚悟しなければなりませんが，先発企業の買収によってこのリスクを相当程度緩和できます。

　さらに新規参入による摩擦や競合会社が増えることによる供給過剰も抑制できます。その上，自社の経営資源と買収した資源との活用でシナジー効果を発揮できるとしたら大成功といえましょう。

⑤　デメリット

　メリットばかりにみえるM&Aも利用の仕方を間違えれば，デメリットを生じます。まず買収価格算定を間違えれば，とんだキズものをつかませられる結果となります。

　買収先の経営ノウハウもなく買収してしまえば，当然損失大となります。M&Aはマネーゲームではなく，外部経営資源の有効利用・再活用と知る

べきです。

⑥　M&A成功の秘訣

　60社以上の企業買収で成功した日本電産株式会社の永守重信会長兼社長は，M&A成功の３要素として，①高値つかみしない，②買収後の統合作業と経営への関与，③買収のシナジー効果を強調されています。

メリット	デメリット
① 時間の短縮	① 買収価格の算定を間違えば損失大
② 人材の集団確保	② 経営ノウハウもなく買収すれば，シナジーは生まれない
③ 投資の節約	
④ 投資の安全性・確実性	③ 短期的利益志向になりすぎる
⑤ シナジー効果	④ 借入金の場合，財務体質が脆弱に
	⑤ 人材流出するおそれあり

　買い手として，M&Aの相手先を検討する際に，重視する確認事項は，「直近の収益状況」「借入等の負債状況」「事業収益の成長性や持続性」が上位を占めています。これはM&Aを実施した企業，実施していない企業ともにほぼ同じです。

　また，M&Aを実施していない企業では，さらに「リスク情報」や「オーナーと企業との資産面や経理面での線引き」を重視する傾向があります。

2．今後５年のM&Aの見通し（2025年問題）

　事業承継については，2025年に70歳を超える中小企業経営者が245万人になり，その内の半数は後継者未定という厳しい状況です。その多くが廃業すれば，600万人の雇用が失われ，技術の伝承や地域経済にも大きな損失となります。

　国もM&Aによる第三者承継の重要性を考えてこれを強力に推し進めて

いくための予算，仕組み，税制などの支援を実行し始めています。今後も事業継承のためのM&Aは確実に増えていくと考えられます。

　ベンチャー投資についても，人口の減少や高速通信，IT・AIなどの急速なテクノロジーの進化で，さまざまな業界でニーズが増加。国も第二創業，ベンチャー型事業継承への支援の拡充，重点化を打ち出しています。

　これまで上場会社のM&Aは，販路や商品などマーケットの拡大を目的としたM&Aが多かったのですが，最近はベンチャーへの投資で付加価値を付けたり，まるきり新しい事業に参入するなど，M&Aの目的が広がり多様化していることも最近の特徴です。

　さらに，こうした企業のニーズに対し，M&Aを支える専門家やプレイヤーの種類や数が増え，M&Aに取り組みやすい環境が整ってきたことも市場が活気づく要因となっています。

　当初，国内企業同士のM&Aは仲介会社が取り扱っていましたが，関連法の整備や大手企業の再編などで経営コンサルタントや会計事務所系のM&Aアドバイザリー業務が発達し，ファンドによる出資や買収も増えています。また，仲介会社による中小企業の潜在的な事業継承案件の発掘も盛んです。

　M&Aが普及し増加したことで，経営者のM&Aに対する抵抗感も低くなっていると思われます。

　次頁図のように中堅中小企業では，成長戦略として，また事業継承を目的としてM&Aの可能性を抱える企業は60万社にのぼると見込まれています。上場企業においては選択と集中によるM&Aが進み，一方で従業員10人未満の零細企業や個人事業者でも事業継承のニーズは高くなり，マッチングサイトによるスモールM&Aが一般化することが考えられます。

　M&A業界では実務を支えるためのノウハウの蓄積に加え，最近ではAI

《M&Aマーケットのポテンシャル》

ソリューション・テーマ

買収・選択と集中

上場企業

全事業者
約450万

全法人数
約250万社

中堅企業

成長戦略型M&A
◆譲渡により大手企業参加へ
◆成長戦略ファンドの活用による成長

約60万社

中小企業

事業承継型M&A
◆譲渡による後継者不在問題の解決
◆企業の存続・発展

業界再編型M&A

零細企業
（従業員10人未満）

約190万社

オンラインマッチング

個人経営

約200万

（出典：日本M&Aセンター資料）

やITを利用したシステムの構築で，最適な相手を見つけ出すマッチングや財務内容のデューデリジェンス（資産査定）の効率化や時間短縮が図れるようになり始めています。

今後も，日本企業のM&Aは進化しつつ広がっていくと思われます。

3．M&Aと経営戦略

（1）　成長戦略

M&Aは，企業の経営戦略上採用される企業自体の売買のことです。たとえば不必要な会社を売却したり，事業の多角化のために他の会社を買収したり，吸収合併したりすることです。M&Aは市場構造や産業構造などの企業を取り巻く外部環境の変化がはなはだしく，それを原因として急速に注目され始めました。

　低成長時代の今日は，高度成長期における同品種の大量生産，大量販売では多様な消費者のニーズを十分に満足させることは不可能であり，より付加価値の高い商品を少量生産する多品種少量生産の時代です。急激な円高による海外事情の変化は，我が国の企業に輸出依存体質から海外現地生産方式へと戦略の変化を余儀なくさせており，国際競争力の衰えた重厚長大産業などはますます危機感をつのらせています。

　経営戦略のうち，新製品の開発は「技術戦略」の一つですが，これが多くの企業の最重要課題である理由は新産業革命とも称されるほどの最近のハイテクや技術革新であり，製品のライフサイクルの短縮化でもあります。大手企業では自社の技術資源で新技術の開発は困難であるとし，中小の研究開発型ベンチャー企業に資本参加し，自社の傘下に入れようとしているところもあります。

　新市場への進出や既存市場へのシェア・アップなどの「市場戦略」上も，早期にそれを可能とするM&Aは最高の戦略と言えます。経営の合理化という「財務戦略」においても，今度は不要資産や不要事業，不要会社の整理として，売却の方向からM&Aに深く関わってきます。

　売り手企業にとっては後継者問題がM&Aを検討するきっかけになることが多いのですが，買い手企業は成長のための時間を買うという目的で，M&Aの意欲が高まっています。

　「M&Aに対する企業の意識調査」（帝国データバンク2019年7月25日公表）をみても，M&Aの必要性は高くなると考える企業が5割を超えています（次頁の図参照）。「今後の実施傾向について」（2018年版『中小企業白書』）ではM&Aを実施したことがある企業の場合，「積極的に取り組んでいく」が17.1％，「良い話があれば検討したい」が55.1％となっています。実施をしていないが検討した企業では，「積極的に取り組んでいく」は9.6％ですが，「良い話があれば検討したい」は66.3％と多く，前向きな姿

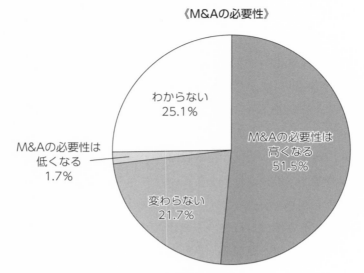

《M&Aの必要性》

注：母数は有効回答企業9,977社

（出典：帝国データバンク「M&Aに対する企業の意識調査」2019.7.25公開）

勢がうかがえます。

　M&Aで買い手となる企業は１回の買収にとどまらず，２回，３回と繰り返すこともあります。実際にM&Aを実施したことがある企業ほど，自社にとっての効果を予測しやすいため，M&Aの機会を逃しません。具体的に検討したことがある企業も，「良い話があれば」と，常にM&Aの機会を探っていることがわかります。

　中小企業庁の認識でも，「中小企業のM&A市場では売り案件１に対し，買い案件は９程度」と買い案件のほうが圧倒的に多いことが示されています。

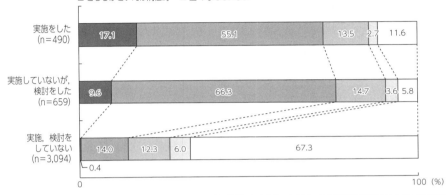

《M&Aの実施状況別に見た，今後のM&Aの実施意向》

■ 積極的に取り組んでいく　■ 良い話があれば検討したい　□ 当面は様子見
□ どちらかといえば消極的　□ 全く考えていない

実施をした
(n=490)
17.1　55.1　13.5　2.7　11.6

実施していないが，
検討をした
(n=659)
9.6　66.3　14.7　3.6　5.8

実施，検討を
していない
(n=3,094)
14.0　12.3　6.0　67.3
0.4

0　　　　　　　　　　　　　　　　　　　　　　　　　　　100（%）

資料：三菱UFJリサーチ＆コンサルティング（株）「成長に向けた企業間連携等に関する調査」
（2017年11月）

（出典：中小企業白書2018年版）

《M&Aへの関わり方》

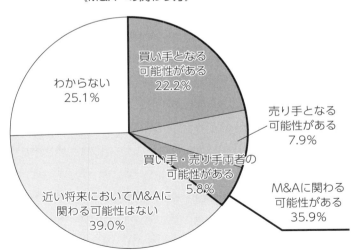

買い手となる
可能性がある
22.2%

わからない
25.1%

売り手となる
可能性がある
7.9%

買い手・売り手両者の
可能性がある
5.8%

M&Aに関わる
可能性がある
35.9%

近い将来においてM&Aに
関わる可能性はない
39.0%

注：母数は有効回答企業9,977社

（出典：帝国データバンク「M&Aに対する企業の意識調査」2019.7.25公開）

⑵　後継者難とM&A

　少子高齢化の波は経営者自身にもおよび，事業を引き継ぐ子供がいない，子供はいても引き継ぐ意思がないケースが増えています。

　後継者不在の問題はあらゆる業種に見られますが，特に建設，サービス，不動産，小売りといった業種に顕著で，自身の引退を機に廃業を考える経営者が少なくありません。こうして日本経済を土台から支えている中小企業の数が減少していけば，従業員の雇用が失われ，取引先や消費者への影響も大きく，地域経済の衰退や人口の流出・減少へと負の連鎖が生じます。

　この負の連鎖を断ち切る最善の方法の一つがM&Aとなっています。

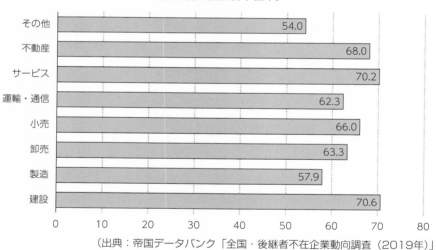

《業種別の後継者不在率》

（出典：帝国データバンク「全国・後継者不在企業動向調査（2019年）」

(3)　事業継承の一手段として注目されているM&A

①　事業の承継はタイミングが大事

　経営者はある程度の年齢になったら，事業の承継を検討することが不可欠となります。「まだ大丈夫」「もう少し経ったら考えよう」などと思って先送りにしていると，気付いた時には選択肢が限られてしまい，どうにもならなくなるケースもあります。

《年代別に見た中小企業の経営者年齢の分布》

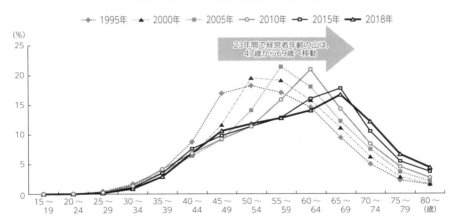

資料：(株) 帝国データバンク「COSMOS2（企業概要ファイル）」再編加工
(注)　年齢区分が5歳刻みであるため山が，動いているように見えないが，2015年から2018年にかけて，経営者年齢のピークは3歳高齢化している

（出典：中小企業白書2019年版）

　事業承継は会社にとって，その後の明暗を分ける大きな節目になりますし，経営者にとっても一生に一度の大きなイベントです。できるだけ早めに検討を始め，しっかり準備することが大切です。

　事業継承は会社の経営を後継者にゆだねるだけではありません。経営資

源である「ヒト」「モノ」「カネ（資産）」の３つを引き継ぐことです。

「ヒト」とは，会社を支える経営陣や従業員であり，「モノ」は会社の製品やサービス，それを生み出す技術やノウハウ，「カネ」は会社の株式や運転資金，事業用不動産や設備のほか，借入金や許認可権なども含まれます。最近では目に見えない経営理念や，取引先・顧客情報なども知的資産として重要視されています。

これらを託せる後継者がいるかどうかを冷静に考えてみる必要があります。

後継者候補を考える際，従来は子供や娘婿などの親族から選び，親族に候補がいなければ役員や従業員から候補者を探すのが一般的でした。それでも見つからない場合に，最後の手段として第三者に譲渡するM&Aを検討するという流れでした。

しかし「それでは遅い」「タイミングを逃す恐れがある」という場合もあります。最初から後継者が決まっている場合は別ですが，そうでないなら，「今の状態で，この会社は売れるのかどうかを調べてみる」という場合もあります。

《事業承継の３つの考え方》

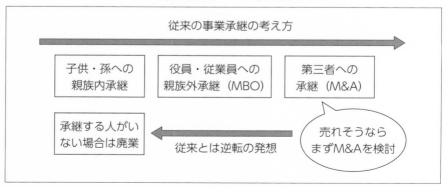

そのうえで売れそうだとわかったら，まず先にM&Aから検討するのが最近の傾向であり，事業継承をスムーズに進めるコツです。それがだめなら親族や役員などが引き継ぎ，それも不可能なら廃業するしかありません。

②　体力，気力が十分あり業績が順調なうちに着手

親族に後継者がいても，その人を育て，経営のバトンを渡すまでに5年から10年かかると言われています。候補がいなければ人探しから始まり，説得して了承してもらう時間もかかるため，いつになったら引き継げるのか，見当もつきません。その間に経営者は年を重ねるため，業績を維持し続けられるとも限らないのです。

会社の業績が順調で，経営者の体力，気力も十分なうちこそ，M&Aによる事業承継を考えるチャンスです。

何年も迷ってからM&Aで譲渡の意思を示しても，その時に他社にとってプラスになる魅力のある会社でなければ，買い手企業は出てきません。逆に言うと，現時点で魅力のある会社なら，買い手候補もたくさん名乗りを上げるため，信頼して会社を託せる企業を選びやすくなります。会社の評価額とも言えるM&Aの売却価格も高くなるはずです。

③　後継者がいても，同時にM&Aを検討する場合

2018年版の『中小企業白書』から，売り手としてのM&Aの目的や想定する効果の調査を見ると，後継者のいない企業の70％が「事業の承継」を挙げ，次に「従業員の雇用の維持」や「事業の成長・発展」と回答しています。

一方で，後継者のいる企業でも，50％以上が同じこの3つの目的を挙げていて，事業の承継を重視していることがわかります。後継者がいても，M&Aによる承継を同時に検討する，そういうケースも増えているのかも

48

しれません。

　このように，M&Aは事業承継の最後の手段という位置づけが変わって
きて，選択肢の一つではあるものの，かつてと比べ，優先度や注目度は高
くなりつつあります。

　親族や役員，従業員に承継することにこだわると，候補者が数人位に絞
られるのが一般的です。なおかつその後継者候補が株式譲渡などに伴う資
金を準備できるかは大きなハードルとなります。

　しかし，M&Aなら同業者から他業種他分野の企業まで幅広く，地域に
関係なく承継企業を探すことができます。いい会社があれば買収したいと
いう企業なら，条件さえ折り合えば，売り手企業が資金面の心配をする必
要もありません。まずは自社の価値を客観的に調べて判断し，事業承継の
方法を検討することが重要です。

《後継者の有無別に見た，売り手としてのM&Aの目的や想定する効果》

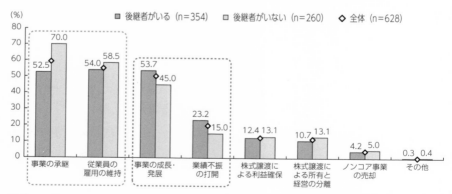

資料：三菱UFJリサーチ＆コンサルティング（株）「成長に向けた企業間連携等に関する調査」
　　　（2017年11月）
（注）複数回答のため，合計は必ずしも100%にならない。

（出典：中小企業白書2018年版）

4．M&Aの専門家集団

(1)　地方の金融機関や専門会社等のM&Aへの取組み

　中小企業では，地方銀行，地元の信用金庫など地域の金融機関と取引しているのが一般的で，そのような地域の金融機関においてもM&Aに積極的に取り組むところが増えています。

　また，会計事務所でも，M&A業務を扱っているケースがあります。有名なところでは，株式会社日本M&Aセンターが主宰する日本M&A協会は，会計人が850名参加し，筆者は副理事長を務めています。全国の税理士会で構成されている日本税理士会連合会では，事業承継サイト「担い手探しナビ」を運営しており，事業を引き継げる企業を探したり，M&Aに関するサポートを提供したりしています。

　さらに，後継者不在に悩む中小企業を支援するために国が全国都道府県に設置したのが「事業引継ぎ支援センター」です。ここでは無料相談やマッチング，専門家の紹介などが行われています。

　対して，M&A業務に特化して高い専門性を有しているのがM&A専門のマッチング会社，アドバイザリー会社です。特定の地域に限らず，広い範囲から適した相手先企業を見つける，異業種も含めて効果的なマッチングを発想するなど，より高度なM&Aの提案が期待できる場合もあります。有名なのが上場会社の株式会社日本M&Aセンター，株式会社ストライク，株式会社M&Aキャピタルパートナーズであり，着手金の有無，専門コンサルタントの実績，相性などにより選択肢が広がっています（50頁図参照）。

　M&Aにおいて最も重要なカギとなるのが，相手先企業の選定です。『中小企業白書（2018年版）』によると，「第三者から相手先を紹介された」という割合が最も多く，全体の約42%となっています（51頁図参照）。

《中小企業のM&Aをアドバイス・支援する環境》

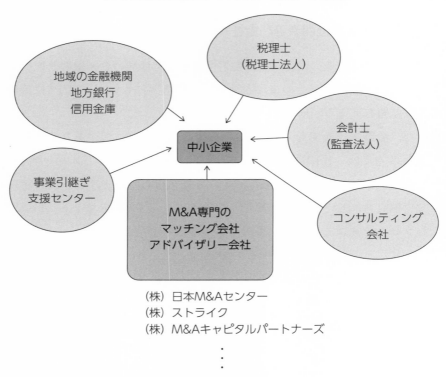

　具体的には，紹介された第三者では，金融機関が最も多く，全体の約29％，次いで他社（仕入先・協力会社），専門仲介機関，コンサルティング会社，他社（販売先，顧客），公認会計士，税理士，事業引継ぎセンターとなっています。

　「自社で相手先を見つけた」という回答も約28％，「相手先から直接売り込まれた」も約30％にのぼりますが，そういったケースでも，企業情報の提供や条件交渉などの過程で専門家の力を借りる必要があり，経営者だけではM&Aを完遂することは不可能と言えます。金融機関や事業引継ぎ支

《M&Aの相手先を見つけたきっかけ》

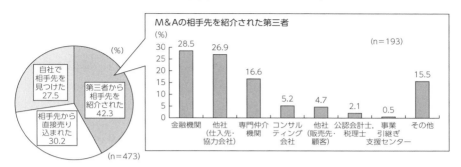

資料：三菱UFJリサーチ＆コンサルティング（株）「成長に向けた企業間連携等に関する調査」
　　　（2017年11月）
（注）複数回実施している者については，直近のM&Aについて回答している。

（出典：中小企業白書2018年版）

援センターなどでも，M&Aに精通している税理士や弁護士などの紹介が
受けられるので，相談してみることをおすすめします。

(2)　税理士，公認会計士，弁護士などの役割

①　税理士とは

税理士は会社の決算書を作成し，税金の計算や申告を担当する専門家で
す（税務代理，税務申告）。顧問税理士は企業の経営状況を継続的に見て
いるため，企業の弱みや課題を経営者と共有しており，経営者にとって相
談しやすい相手です。

情報の照会があった際には，内部の経理担当者などではなく，顧問税理
士に協力してもらうケースが多いです。秘密保持の観点から，会社の休み
の日に会社で調査をすることもよくあります。

企業や金融機関などからM&Aの提案が持ち込まれる場合には，顧問税
理士や公認会計士に案件の整理や，検討すべき点をピックアップするなど

の役割を果たしてもらうこともできます。

　さらに税理士，公認会計士を通じて，M&Aの相手企業を探す道もあります。

　日本税理士会連合会では，2018年に，税理士を窓口としてM&Aの相手企業を探せる「担い手探しナビ」というマッチングサイトを開設しました。

　後継者を探したい企業や，譲受けを希望する企業について，それぞれの顧問税理士が案件を登録。登録されている情報から候補となる案件を検索し，企業が希望すれば相手先の顧問税理士に問い合わせるという流れになります。さらに日本税理士協同組合連合会では「担い手探しナビ」でマッチングした場合のM&Aサポートや，マッチングできなかった場合に相手企業を探し直すといった支援も行っています。

②　公認会計士とは

　公認会計士は法人の会計を監査する専門家で，事業承継やM&Aの際には，財務面での調査，アドバイスなどを行います。税理士登録をしている公認会計士であれば税務を担うこともできるため，顧問税理士が公認会計士の資格を保有し，会計士の仕事も兼ねるというケースもあります。

③　弁護士とは

　弁護士は交渉，助言など，多岐にわたり法律的な知識が契約の構築を助け，リスクの回避に力を発揮します。M&Aには法的なサポートも欠かせず，弁護士の役割も重要です。

④　M&Aの買い手側と売り手側の士業の役割

　買い手企業の会計士は，収益力や純資産に影響する項目など，M&Aでもメリットの程度を精査するため売り手企業について財務面の調査・分析

を行います。その際，売り手側の会計士は，財務状況や経営状況を「見える化」して情報提供を行います。

　買い手側の税理士は租税債務の有無など，税務面から売り手企業を調査します。売り手側の税理士は，売り手企業が有利にM&Aを行うための手法などについて，税引後手取り額が最大になるように，税務面から助言します。

　弁護士は，買い手側では会社組織や取引先との契約，許認可，人事，労務など，法的なリスクの有無などを確認。売り手側は，調査への協力のほか，契約条件についての助言を行います。

⑤　M&Aに精通している士業専門家

　すべての税理士，公認会計士，弁護士が中堅，中小企業のM&Aの実務に精通しているとは限りません。専門家でも得意分野もあればそうでもない分野もあり，大企業のM&Aに詳しくても中堅，中小企業のM&Aに精通していない場合もあります。顧問には情報開示など一定の協力を得る必要がありますが，一方でM&Aに精通している士業専門家のサポートを受けることも重要です。

　M&Aに積極的に対応している税理士や公認会計士もおり，M&A専門の仲介会社や金融機関，事業引継ぎ支援センターなどからの紹介も可能。実績を確認し，依頼を検討することをおすすめします。

5．スモールM&Aの増加

　最近注目を集めているのが，マッチングサイトを利用したスモールM&Aです。

　会社や事業を売却したい人と買いたい人を，インターネットの専用サイ

《取引価格でみるM&A市場とプレーヤー》

上場企業や
グローバル企業が中心 ── 100億円以上
大手の証券会社,
投資銀行, 監査法人など

中堅・中小企業の大半は
この規模のM&Aで
支える専門家も増加中

1億～100億円
M&A専業会社, 監査法人,
会計事務所, 地元金融機関など

1億円以下
専業のプレーヤーがまだ少なく, マッチングサイトでの支援が中心

(出典：日本M&Aセンター資料)

トを通じてマッチングさせる仕組みで, 対象となるのは主に年商1億円未満, 従業員10人以下などの中小零細企業や個人事業主になります。

　M&Aナビのホームページに収録されている「個人での会社買収の意向調査」によれば, スモールM&Aで買収したい業種は,「小売り・サービス業」が最も多く, 次いで「飲食業」「IT・ソフトウェア」となっています（55頁の図参照）。希望売却価格は300万円までで9.5％, 300万円から1,000万円程度までのゾーンで55％程です。

　マッチングサイトでは, アドバイザーがサポートしてくれるサービスとすべての対応を自分で行うサービスがあります。後者の一例では, 譲渡企業は無料, 譲受企業は基本無料で, 最終契約時のみ手数料が発生します。手数料は, 承継対価総額の5％または25万円のいずれか高い方を支払います（税別）。費用負担が難しい場合は, 後者がふさわしいと思われます。

　ただし, 交渉には買収後の成長可能性はもちろん, 内部管理体制や法務, 税務, 労務などさまざまな観点から検討がなされます。つまり, 自身の対応力でM&Aの成否に大きな影響を与えます。M&Aの実務は, アドバイ

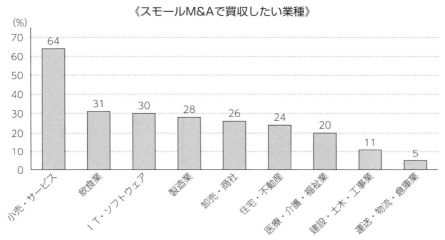

《スモールM&Aで買収したい業種》

(出典：M&Aナビ「個人での会社買収の意向調査」)

ザーがサポートするマッチングサイトや公認会計士，税理士，弁護士など
の専門家の助言を得てすすめたいところです。

　後継者がいない中小企業や譲受けを希望する企業から相談を受けると，
「事業引継ぎ支援センター」においてデータベースによる企業情報を登録
し，マッチングを行います。

　また，データベースに登録された案件のうち，相談者の承認が得られた
ものについては，企業が特定されない情報（ノンネームデータ）に加工し
たうえで，金融機関や税理士，M&Aの専門会社などの登録民間支援機関
等にも提供されます。

　事業引継ぎポータブルサイトによれば，2018年度に成約した譲渡側企業
は，製造業，卸・小売業，建設工事業など，幅広く，従業員数は１～５名
の企業が45％，６～10名が24％と小規模企業が70％になります。

　2011年発足以来，相談件数は約３万7,000件，実現した事業引継ぎは2,400
件を超えています（56～57頁の図参照）。

　事業承継の形態は，第三者承継が67％，従業員承継25％，親族内承継

《相談件数》

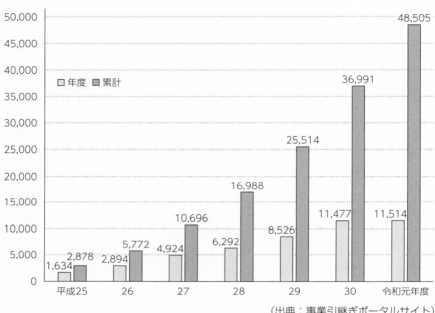

（出典：事業引継ぎポータルサイト）

8％です。

　事業承継について具体的な方針が決まっていない段階でも，誰に承継するか，どう進めるべきかなどについて，同センターで助言を受けることができます。譲渡できる可能性はあるか，どのような課題があるかなど，できるだけ早めに相談してみる必要があります（京都事業引継ぎ支援センター統括責任者成岡秀夫氏談）。

　知り合いの会社や金融機関からM&Aを持ち掛けられるケースもありますが，どのように判断すればいいか，交渉時に留意すべき点，進め方や手続きについてのアドバイスを求めることもできます。

　さらに金融機関や専門会社などにM&Aの支援を受ける場合は，セカンドオピニオンとして同センターの意見を求めることもできます。

《事業引継ぎ件数》

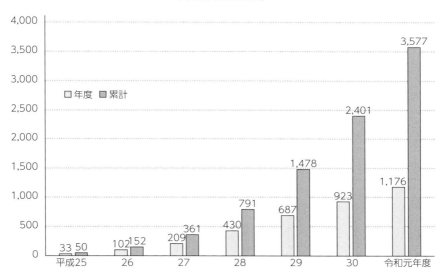

（出典：事業引継ぎポータルサイト）

　センターでは従業員承継の相談にも対応しており，自らが引き継ぎたいという社員からの相談も可能です。

　相談や専門会社などの紹介は無料なので積極的に利用すればよいでしょう。実務としてサポート業務を依頼する場合は，各専門家や専門会社のこれまでの実績や報酬体系などを確認しておく必要があります。

6．M&Aの進め方

　どの方法のM&Aを選択するかによって方法は異なりますが，中小企業のM&Aに多く用いられる株式譲渡，事業譲渡の方法を前提に述べていきます。

　M&Aの進め方にはファイナンシャル・アドバイザー（FA）を起用し

て進める方法と日本M&AセンターのようなM&A専門仲介会社にM&Aの「仲介」をやってもらう方法があります。FAを選定したM&Aの場合，FAは，売り手のアドバイザーとして，売り手企業の助言・サポートをします。会社の状況の把握，買い手企業を模索，マッチング，交渉，売却価格に関する助言，契約締結，基本合意，クロージングまで一貫してサポートします。それに対して，仲介とは，M&Aの仲介会社やM&Aの専門家，公認会計士，税理士，金融機関，事業引継ぎ支援センター等が仲介を行うものと言えます。買い手，売り手の双方の間に入り，譲渡会社の内容を把握し，どのようなM&A形態で，どのような条件で，どのような先に，どれくらいの譲渡価額により譲渡を希望するのか等とりまとめや基本合意，最終契約等もとり行います。通常，買い手と売り手には譲渡価額や詳細な譲渡契約等において利益相反することもありますが，双方が納得できるように調整する必要性があることからも仲介を請け負う者が実施します。したがって，仲介を選択した場合，第三者として客観的に評価できる専門家を選任する必要があります。

　中小企業の場合において，売り手企業が事業承継においてM&Aを選択し，買い手企業から探し出す場合に多く採用されるのは仲介方式です。いずれにせよ，FAの形態を採用するか，仲介を採用するか最善の方法で選択することがM&A成功の最初のワンステップでしょう。

○M&Aのプロセス

　M&Aを進めていくにあたっては，準備プロセス，実行プロセス，実行後のプロセスと三段階あります。以下にFA方式と仲介方式の流れを図示してあります（60～61頁参照）。

〈準備プロセス〉

① 売却の準備

　親族内承継の場合は，相続税評価額を引き下げるような取組みをするため，利益圧縮や純資産価格を引き下げるような取組みを行いますが，M&Aにおいては売買取引になるため，売却価格を引き上げる視点が大事になります。売却の準備に取りかかる前に以下について準備することが望まれます。

- 事業計画の策定
- 決算書，売上内訳等根拠となる内部資料を策定する。
- 事業戦略を明確化する。
- 不足資源等を明らかにする。
- 当社の強み，弱み等を明らかにする（たとえば資格人数やノウハウ等）
- M&Aの実行計画の立案
- 会社概要書を策定する。
- 買い手候補の選定

② FA契約の締結

　M&Aによる事業承継方法が決定し，上記売却準備を進めるとともに公認会計士・税理士・M&Aの専門家，仲介会社とのFA契約の締結をしておく必要性があります。FA契約締結後は，FAと協力しながら案件の組成からM&Aの方向性，事業計画等も併せて見直しておくことが望まれます。その間，買い手候補先リストを選び想定シナジー効果等も考えておく必要があります。なお，通常はアドバイザリー契約を締結した場合に手付金が発生することが多いです。

《FA方式》

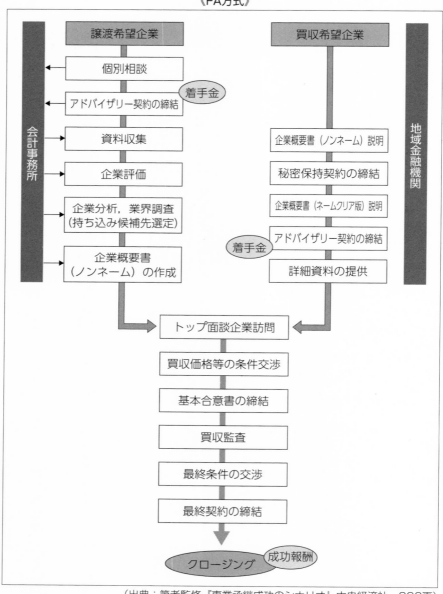

（出典：筆者監修『事業承継成功のシナリオ』中央経済社，236頁）

《仲介方式》

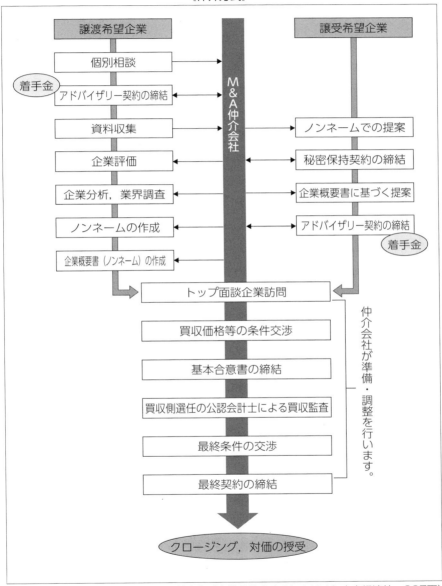

（出典：筆者監修『事業承継成功のシナリオ』中央経済社, 237頁）

③　企業評価および企業概要書の作成

　売却価格を決めるにあたり，専門家による企業価値算定を行います。通常は上記でFA契約した専門家による企業価値算定を行います。譲渡価額はあくまで双方の合意ではありますが，その土台となる金額を算定する作業が企業評価になります。通常，売り手の企業評価は買い手の企業評価より高くなることが一般的です。売り手企業の社長様がそのような事実を知らないケースもありますのでFAはそういったことが生じる旨を社長に話しておく必要があります。

　企業評価の作業と並行して，企業概要書（IM：インフォメーション・メモランダム）の作成を行います。IMとは企業情報の要約書であり，企業概要，沿革，財務状況，ビジネスモデル，事業上の強み・弱み，事業計画等，対象会社の概要をまとめた資料となります。IMには，ノンネームシートも存在します。ノンネームシートは，企業の大まかな概要を１枚のシートにしたもので，売り手企業が特定されないように情報は必要最低限です。そのため，ノンネームシートを見たのみでは通常企業の詳細情報はよくわかりません。通常は，買い手企業が興味を示し，「秘密保持契約」を締結後にIMを公開するのが一般的な方法であります。

④　買い手企業候補先の検索

　売却価格や売却方針を確認した後は，買い手先の検索です。売り手企業から提案許可の出た企業に対し，ノンネームの提示を行い，関心を寄せた企業に対して「秘密保持契約」を締結の上，IMを提出する作業に入ります。売却先として検討されるケースは以下があり得ますが，同業者の場合でのM&Aの場合，情報漏洩等を懸念して消極的なケースも見られる点に留意する必要があります。

　また，買い手打診先には，事業会社のみならず投資ファンド等も含まれ

ます。M&Aの場合，買い手先候補が見つかるか否かが最重要であるとも言えます。M&Aにおいても人気業種等が存在します。

　買い手先企業を見つけやすくするため，売却の準備（①）をしっかりと実施しておきましょう。打診を受けた企業は，IMをもとに買収交渉に入るか検討し，買収交渉を希望される場合は，意向表明を行うことになります。M&Aで考えられる買い手企業が描く事業シナジーの代表的なものは以下のとおりです。

- 水平型：規模拡大を狙った同業他社とのM&A
- 垂直型：小売りが卸売り，製造が卸売り等川上・川下を意識したM&A
- 周辺型：隣接業種への進出や新規事業への参入

　検討の結果，双方感触が良い場合，実行プロセスに進みます。

⑤　交　渉

　複数の候補先から意向表明を受領した場合，基本的には最も有利な候補先1社に絞って独占的な交渉に入ります。しかし，2〜3社の候補先を残して公募形式する方法もありますが，中小企業の場合は1社に絞った交渉が実務上多いです。

　交渉において最も重要な局面は，トップ面談です。トップ面談とは両者の代表が実際に面談し，書面ではわからなかった経営者の人となりや経営理念を直接確認する場面です。通常は，事前にFAや仲介者と緻密な打ち合わせをし，質問事項等を確認しておきます。買い手先からの質問事項の一例として，ビジネスモデル，売り先リスト，棚卸資産の不良在庫の有無，回収困難な売上債権の有無，大口取引先との今後の関係継続性，訴訟案件の有無等

　トップ面談時に工場見学や店舗見学等を設ける方法も一つです。買い手

企業が売り手企業の内容を把握する手段であるとともに，売り手企業側でも同様，この売り先に会社を譲渡してもいいか考えるいい機会になります。M&Aプロセスの中で，経営者同士が顔を合わせるタイミングはこの機会しかないため，面談は1回とは限らず数回に及ぶ場合もあります。

面談は人間でいう「お見合い」であるとM&Aの業界内では言われており，面談の結果次第では破談となる可能性もあります。

⑥　基本合意書（LOI）

買い手先候補から買収の意向が表明された場合，取引の基本的な条件を決めるための交渉をスタートさせます。条件には，買収金額，買収スキーム，買収後の経営方針，買収後の従業員の雇用維持等があります。

特に中小企業のM&Aは雇用の維持が重要な要素である場合が多いです。雇用条件については基本合意段階からしっかりと議論をする必要性があります。

買収金額，買収スキーム，買収条件，経営方針等双方の合意が取れた場合，その証として基本合意書（LOI）を締結します。LOIには，取引の主要条件，独占交渉権，法的拘束力の範囲，デューデリジェンス（買収監査）に関する条項等が記載されます。

基本合意自体は法的拘束力を持ちませんが，今までの交渉経緯を整理するという意味で双方にとっても意味があります。案件によっては，ここで途中報酬が発生する場合もあります。

⑦　買収監査（デューデリジェンス）

基本合意を経ると，買い手企業が最終的にM&Aに納得できるように，売り手企業に隠れた瑕疵や法令違反がないかを第三者にチェックしてもらいます。このことを買収監査（デューデリジェンス）と言います。

通常公認会計士や税理士が行うことが多いですが，監査内容によっては他の専門家，弁護士や社会保険労務士等と一緒に買収監査を行うこともあります。買収監査では専門家から売り手企業に質問が多くなされることがありますので，買収監査前には準備をしておく必要があります（後掲8．参照）。

⑧　最終契約

買収監査の結果を踏まえ，M&A実行に向けた双方の最終的な取引条件の交渉が行われます。

通常，買収監査により買収価額の引下げが行われるケースが多いです。最終的な条件が決定されると最終契約書が締結されます。

⑨　クロージング

最終契約締結後，タイミングを考慮し双方の関係者（取引先や従業員）に対して発表します。

そして，統合準備がスタートします。最終段階でFAや仲介者に成功報酬を支払います。

⑩　統合後

統合後，中小企業の場合は，2年程度売り手企業の社長が経営陣に残るケースが多いです。M&Aのプロセスは統合までで終了しますが，ここからが大事なプロセスです。

統合後，シナジー効果を発揮させるような組織づくりをしていく必要性があるという点は言うまでもないことでしょう。

買収後の経営方針次第で大きく3つのパターンがあり，買収後の経営体制についても合意形成で話し合われることになります。

　第一に，買収前後で売り手企業の代表者，役員，従業員等を変更しない方法です。この方法を取る場合は，売り手企業は譲渡前後で株主構成が変わるだけで経営体制やビジネスモデル等も変化がありません。しかし，この場合は，M&Aのメリットであるシナジー効果の発揮ができるように組織運営上気を付けないといけません。

　第二に，子会社として一定程度の独立性は維持しますが，買い手企業が売り手企業に役員を過半数派遣し，経営の支配権を得る方法です。この場合は，買い手企業が売り手企業と同業種やシナジーをさらに発揮したい場合等に採用されます。しかし，買い手企業色を全面に押し出すと，M&Aのデメリットである従業員のモチベーションの低下や取引先への影響がでることになります。

　第三に，数年後買い手企業が売り手企業を吸収合併する方法です。これにより，数年間は売り手企業の規程，制度は踏襲しますが，数年経過後，買い手企業と同様の制度を適用でき，経営統合のスピードを得ることができ，シナジー効果を発揮しやすい状況になります。しかし，吸収合併時に従業員の離職など売り手企業側との調整が必要になります。

⑪　表明保証，誓約事項

　表明保証とは，過去から現在の事実や法律関係についての当事者の表明であり，保証とは現在や将来の事実や法律関係について当事者が責任を持って保証することを意味します。例として以下のものがあげられます。

- 取引先との重要な契約が取引実行後も継続されること
- 外部の第三者との間で訴訟等が生じる可能性があること
- 税務署から過年度の決算書について税務否認されるリスクがないこと
- 未払残業代等の問題が生じないこと
- 土壌汚染等の環境問題が顕在化する可能性がないこと　　等

　誓約事項とは，クロージング前後で売り手企業，買い手企業が行っていいこと，行ってはいけないこと等を誓約することです。特に売り手企業の経営者がクロージング後に同じビジネスを始めるといった競業避止義務等を定めるようなケースです。

　M&Aを実施する場合は，上記のようなさまざまなことに留意して取引を実行する必要があります。

7．会社の価値（株式評価）

　自社株の贈与や相続に際しては税法上の株の評価額が財産評価基本通達で定められ，自動的に計算されます。

(1)　非上場株式の価格の決め方

　M&Aでは会社の価値を株価で判断します。しかし，非上場会社の場合，株式が市場で売買されているわけではないので，価格の決め方は一律ではありません。具体的には大きく分けて3つの方法があります。

①　コストアプローチ

　会社の価値を，保有する資産で評価します。会社の資産と負債を個別に評価して足し合わせる方法で，その際，簿価を用いる「簿価純資産法」と時価を用いる「時価純資産法」があります。「簿価純資産法」は実際の価値を反映しないことが多く，一般的ではありません。

　「時価純資産法」はその時点での会社の資産価値を表しますが，将来得られる利益や，目に見えない「のれん」の価値は含まれません。

② インカムアプローチ

将来得られるリターンや配当などを現在価値に置き換えて会社の価値を計る方法です。収益を重視する「収益還元法」とキャッシュフローを重視する「DCF（Discounted Cash Flow）法」があります。

両者とも，将来得られるリターンを客観的に判断するのが難しい面があります。特に，DCF法は成長型のベンチャー企業によく使われます。

③ マーケットアプローチ

同業他社や上場している類似業種の株価を参考に評価する方法です。実際の取引価格を用いる「取引事例法」，証券取引所に上場している類似会社の株価をもとに計算する「類似会社比較法」，上場している類似業種の株価をもとに計算する「類似業種比較法」があります。

市場での取引状況を反映しているため客観性に優れていますが，非上場会社では取引事例法は使えません。類似する上場会社がない場合や，上場なみの規模の会社でない場合は適切な判断が難しいです。

(2) 実務で選ばれる方法

① 「時価純資産＋営業権」が主流

筆者の経験では，中堅・中小企業の場合約90％以上が「時価純資産＋営業権」で会社の価値が決まります。ここでいう「営業権」とは，ブランドやノウハウ，許認可，技術力，取引先，顧客，特許権，知的財産権，人柄，市場での独占性など，目に見えない非金銭的な価値を指し，定量分析がしにくいものです。M&A実務的には当該会社の過去3年平均の税引後利益の3～5年で決まる場合がほとんどです。

②　会社の価格は条件や交渉次第

「売り手は高く，買い手は低く」という考えが根底にあります。M&Aをすると決めたら，売り手は自社の強みと弱みを洗い出し，強みにはより一層磨きをかけ，弱みはできる限り改善して，自社の価値を上げておくことが大切です。

また，相手との価格交渉の段階で，自社の価値や魅力を積極的かつ上手にアピールすることも必要です。

- コストアプローチ

  主として評価対象会社の貸借対照表記載の純資産に着目して価値を評価する方法。
- インカムアプローチ

  評価対象会社から期待される利益ないしキャッシュフローに基づいて価値を評価する方法。
- マーケットアプローチ

  上場している同業他社や，評価対象会社で行われた類似取引事例など，類似会社，事業ないし取引事例と比較することによって相対的な価値を評価する方法。

（企業価値ガイドライン（日本公認会計士協会）を参考に作成）

8．買収監査（デューデリジェンス）

(1)　買収監査の必要性

M&Aを進めるにあたって，合併の場合には合併比率の決定が，買収の場合には買収価格の決定が最大のポイントとなります。これらは企業評価の結果決まりますが，貸借対照表の純資産額が基本になります。一般的には純資産金額は総資産から総負債を控除して計算されますが，合併・買収

の場合にはそれに必要な予想損失，含み利益を加減して，時価による純資産金額を算定し，これをもとに価格決定を行います。

　しかし，被合併会社，被買収会社ができるだけ自分の会社を高く売りたいと思うのは当然ですから，このような場合に提供される貸借対照表等の決算書類には，粉飾決算により利益の過大計上が行われているケースが多くみられます。

　法定監査の実施されている会社は別として，それ以外の会社においては，比較的容易に粉飾されてしまうのです。したがってM&Aを進めるにあたっては，監査実施を条件としておくことが，後日の紛争を避ける有効な手段となります。

　次に監査担当者について，本来は合併会社，買収会社から経理部門を中心に精鋭を集め，相手方の会社を訪問し，納得いくまで監査を行うことが理想です。しかし，もともと買い手と売り手の利益は相反するものであり，監査を受ける会社にとって都合の悪い資料等もあり，全面的に監査実施に協力してくれるという保証はありません。

　たとえば長期滞留債権が存在し，その回収の可能性をどの程度見るかという場合，両者ではその評価が異なるものと思われます。被合併会社，被買収会社は当然ながら回収可能性は高いと主張するし，合併会社，買収会社は安全性を考えてかなり低く評価することになります。

　このような違いは合併比率，買収価格の決定に影響し，M&Aそのものがうまくいかなくなるという要素を含んでいます。以上から，監査実施は監査の専門家である公認会計士（監査法人）に依頼するほうが，当事者双方とも公平感を持つものと思います。

　公認会計士が通常行っている監査は，金融証券取引法，会社法等の法律に基づき継続企業を前提にしています。一方M&A監査は一定時点での会社の純資産金額を算定するものです。

通常の監査とはアプローチが異なりますが，基本的な業務の進め方は同じなので，公認会計士であれば全く心配ありません。ただ，監査実施にあたっては，依頼者は公認会計士に対しどの程度の監査の正確性を希望するのかを言っておく必要があります。もともと時間的制約がある上，監査の目的からして細かい金額まで正確に確かめる必要はなく，要は合併比率，買収価格に影響するかどうかが最大ポイントになるからです。

筆者の経験上，買い手から依頼される中小企業を中心とした買収監査では100万円から200万円位までが相場であると言えます。

(2)　買収監査の特殊性

通常の監査はその実施が法定化されており，毎年継続して行われますが，M&A監査は一定時点で任意に行われる1回限りの監査です。特に法定化されていませんが，合併比率，買収価格算定の基礎を得るために行われます。

M&Aは企業のトップシークレットとして秘密裡に進められます。筆者は，買収される会社の休業日に伺って買収監査を行っております。そのため実務レベルで明らかになるのはかなり進展した段階であり，監査に要する日数も相当制限されます。M&A監査は重要項目について重点的に行えばよく，監査基準に従って網羅的に行う通常の監査とは決定的に違うところであります。

通常の監査においては，損益計算と貸借対照表の両者について詳細な監査が行われますが，M&A監査はどちらかというと貸借対照表重視の監査だということです。

また，損益計算書は貸借対照表との比較という意味で監査の対象となります。貸借対照表監査においては，資産の実在性と負債の網羅性が監査のポイントとなります。

　最後に，通常の監査は取得原価を基礎として行われますが，M&A監査は取得原価にさらに時価の要素を取り込んで行われます。取得原価主義においては，各資産および負債は取得時点での価額によって貸借対照表に計上されます。そこで，土地の地価上昇，営業権の発生等は決算書に全く反映されません。

　一方，M&A監査においては，常に企業評価という問題があり，それは時価で評価されることになっています。

　具体的には通常の監査を実施したのち，項目ごとに時価との比較を行い，最終的には企業全体の評価により時価を算定することになります。たとえば土地の取得価格が1億円，時価が3億円であれば，通常の監査においては1億円で計上されていることを確かめ，その上でM&A監査では3億円の評価を行います。

(3)　特に重要な簿外負債の発見法

　簿外負債は実務上非常に重要なので検討します。簿外支払手形，簿外借入金等の簿外負債を発見する前提として，負債が網羅されているかどうか調べるには決算書から原始資料をたどるのではなく，できるだけ外部の資料から決算書までたどっていくアプローチが重要です。

　以下に簿外負債を発見する方法を記載します。

①　支払手形控の調査

　期末直前2～3ヵ月間の手形控を入手してその使用状況を詳細に調べます。手形控の支払先欄にサラ金業者の名前などはないか，番号順に振り出されているか，書き損じ手形の処理は適正かなどを調べますが，特に振り出した手形が実際に銀行から引き落とされているかどうかを確かめることが大切です。具体的には手形控と当座勘定照合表との突合により調べます。

もし欠番があった時には会社にその理由を質問し，相手先の領収書と突合するなどして手形振出の事実を確認します。

②　当座預金出納帳と当座勘定照合表との突合

ここでは，特に当座勘定表の上で異常な入金または異常な支出がないかどうか注意を払う必要があります。

③　銀行残高証明書の入手

預金，割引手形，借入金について，会社が残高証明書を入手している場合には，それと帳簿とが一致することを確かめます。不一致の場合には銀行勘定調整表を作成するなどして処理に誤りのないことを確かめます。必要な場合には，監査人自ら銀行に確認状を発送し，直接回答を求めることになります。筆者の経験では，残高証明書を巧妙に改ざんし，粉飾した事例を知っておりますので，コピーだけではなく，実際の残高証明書を確かめる必要があります。

④　支払利息割引料の分析

支払利息割引料等の内容を分析することにより，間接的に借入金，割引手形等の残高の検証を行います。支払利息割引料が借入金・割引料が借入金，割引手形残高と比較して異常に大きな場合には，簿外負債がある可能性が高いです。

⑤　翌期支払いに関する証憑書類の監査

本来計上すべき費用が請求書の到達が遅れたため翌期にズレ込んでしまったということが実務上よく発生します。一定限度を超えて多額になった場合には簿外負債ということになり，決算書の適正性という点から問題

になります。翌期に支払われたものに関して，請求書，納品書等をよく調べ，前年度の費用として計上すべき重要な項目が漏れていないかどうか注意します。

⑥　押印依頼書，稟議書，取締役会議事録の閲覧

簿外負債でも，社内的には内部ルールに基づいて承認を受けているので，記載した書類を閲覧することにより，簿外負債の存在に気づくことがあります。

⑦　不動産登記簿謄本の入手

これによって簿外借入金に対する担保差入れの事実がわかる場合があります。

⑧　負債証明書の入手

被監査会社からこれを入手することにより，心理的な効果を狙います。

⑷　財務以外の重要なデューデリジェンス（買収監査）と注意点

①　ビジネス関係

ビジネスモデルや事業計画，収支予測，市場関係，競合会社の状況などについて，売り手の経営者や担当役員から聞き取りを行い，M&A後の事業の安定性，成長性をチェックします。

②　法務関係

主に弁護士により行われる場合が多いですが，会社の定款や各種の契約書のチェック，経営管理体制や内部統制の状況に関する調査が行われます。
製品や顧客とのトラブル，会社と従業員のトラブルなどを抱えていたり，

係争になっていたりすると，買収後に損害賠償を求められることがあるため，トラブル，係争事件の有無やその内容を調査します。

③　人事関係

現状の組織や人員構成，労務関係などについて調べます。

④　IT・環境

現在，多くの会社では，財務・経理・販売管理・顧客管理・人事・労務などを社内の情報システムで管理しており，会社買収後はこうしたシステムを統合する必要があります。

そのため，システムの統合にあたって障害はないか，どのような作業にどの程度の時間が必要か，統合するためのコストはどのくらいなのか，などをあらかじめ確認しておきます。

環境問題も買収後にトラブルになる可能性があるため，土壌や地下水の汚染，アスベストの使用などについての調査が行われます。

⑤　注意点

デューデリジェンスでは，多くの帳簿や書類の提出を求められたり，さまざまな質問に答えなければならなかったりするなど，調査を受ける側に大きな負担となることがあります。また，調査の過程で売り手にとって不利益となることや隠しておきたかったことが表面化して，精神的な負担を強いられることもあるかもしれません。だからといって隠し事をするとあとになって大きな問題に発展しかねません。デューデリジェンスの段階ですべてを明らかにしておくことが，M&Aの成功につながります。

⑥　機密保持に注意

　M&Aのすべての段階でM&Aが進行中であることが漏れないようにする必要がありますが，デューデリジェンスの際には，社員に必要な資料の提供を依頼することなどもあって情報が漏洩しやすいので，細心の注意が求められます。

　デューデリジェンスの過程で大きな問題が発覚すると，M&Aそのものが頓挫することもあり，売り手，買い手ともに，そこまでにかけた時間と労力がムダになってしまいます。このような事態を避けるためにも，事前の準備をしっかりとしておくことが重要と言えます。

9．PMI（Post Merger Integration）＜統合作業＞

　PMIが円滑に進まないと事業が滞るだけでなく，システム障害，従業員のモチベーション低下や，退職，顧客離れ，社内の混乱や対立といった深刻な問題につながることもあります。

　それによって業績が悪化するようでは，M&Aを行った意味がなくなってしまいます。M&Aでは事前の準備とともに，事後の統合作業も重要です。

(1)　統合プロセスの全体構想の作成

　M&A後の新会社の経営陣が統合の基本方針やM&Aの相乗効果に対する目標を提示し，各作業の工程やスケジュールを設定します。

(2)　各部門でプロジェクト立ち上げ

　プロジェクトの決定機関と事務局，統合委員会を設置します。委員会には，総務，経理，人事，営業，製造，システムなど各部門からテーマに合

わせてメンバーを選任し，それぞれ分科会を設置します。

(3)　課題・問題点の洗い出し

新体制で円滑に業務を継続していくために，部門ごとにリスク事項，検討課題を洗い出し，それを整理し，意見を交換します。

(4)　具体的な対策の立案

それぞれの課題について，営業，業務，法務，財務，システムなど各方面から検証し，対策を考えます。

(5)　決定事項の書面化，統合後事業計画の作成

どのような対策をとるのかを決めて書面にし，規定やマニュアル類を整備します。場合によっては許認可の申請も必要です。こうした作業と同時に，統合後事業計画を作成します。

(6)　決定事項，各種施策の実行

決定事項を取締役会などで承認し，それに沿って，具体的な統合作業を実行し進めていきます。

(7)　デューデリジェンスとPMI

PMIを検討した時期が早いほど，M&Aによる企業価値向上の実現度が高いと言えます。PMIを考慮に入れてデューデリジェンスを行えば，その段階でPMIにおいて何をすべきかが明らかになり，統合作業が円滑に進み，M&Aによるシナジー効果が高まると考えられます。

78

《PMIの流れ》

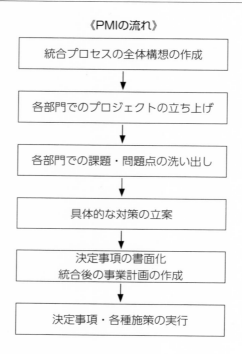

PMIでは，決済日や給料日，使用している会計ソフトなど統合すべきことが非常に多くあります。特に，人事制度，業績評価制度，退職金，企業年金，健康保険など，人事・労務に関する制度は重要かつ複雑です。

このような実務的な統合作業を日常業務と並行して行う従業員の負担は非常に大きくなります。そのため，売り手会社の社長は統合後も一定期間会社に残って，業務の引継ぎやPMIのフォローを行う場合がほとんどです。

また，買い手会社は売り手会社へ専任のスタッフを派遣して常駐させ，スタッフが売り手会社の社員とともに統合作業を進めます。

PMIでは，お互いの会社の企業文化，企業風土を尊重することが重要です。買い手会社が自分たちのやり方を押しつけたり，売り手会社がそれまでのやり方に固執したりすると，M&A効果のシナジー効果があがりませ

ん。自社にとっては当たり前でも，相手にとってはそうでないというケースはよくあることです。お互いの相違点を受け入れて，それを統合していくという意識が求められます。

10. 最近注目の「PEファンド」

　第三者への事業承継には，特定の企業への譲渡のほかに，100％に限らず部分譲渡（70％超）の「プライベート・エクイティ（PE）ファンド」に譲渡するという方法もあります。

　PEファンドとは，未公開の企業に投資するファンドですが，株価が高額で，後継者不在の企業に投資する「事業承継ファンド」が主に関東地区で注目を浴びています。最近では特に地域金融機関が事業承継ファンドを組成することも増加しています。

《事業承継ファンドのスキーム》

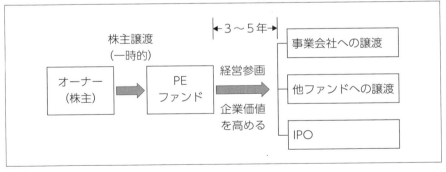

11. 時代別考察

(1) M&Aの目的の変化

[大企業のM&A時代]		[中堅・中小企業のM&A時代]		
1980年代	1990年代	2000年代	2015年	2020年
日本企業による	選択と集中	事業承継	事業承継	危機回避
海外企業M&A	(多角化修正)		業界再編	存続成長
①	②	③④	⑤	⑥

① 1980年代

　プラザ合意以来のバブル経済の真っただ中，多くの企業がバブル景気を享受し，業績が右肩上がりに急成長の時代。

- ソニーによるコロンビアレコードの買収
- セゾンによるインターコンチネンタルホテルの買収
- 三菱地所によるロックフェラーセンター買収
- 松下電器によるMCA買収

② 1990年代

- バブル経済がはじけ，山一證券，北海道拓殖銀行等大手金融機関の破綻
- ルノーによる日産自動車の買収「カルロス・ゴーン改革」に代表される選択と集中

③ 2000年代

- 団塊世代の大量退職で深刻な人材不足や技能空洞化が生まれる「2012年問題」

④　2010年代

• 人口減と後継者難による事業承継問題

⑤　2015年以降

• 人口減（特に地方圏）と市場成熟化による業種別再編

• すでに業種別再編と今後頻発する業界再編

• 更なる後継者不足による事業承継問題は深刻化

⑥　2020年以降

• 約10年毎に発生する経済危機到来に派生する危機回避と企業存続と成長に期待されるM&Aの増加

• 新型コロナウイルスがもたらす「コロナショック」対策

• インバウンド需要頼みの経済の弱体化
  ＜観光，飲食，小売り，レジャー，ホテル業界＞

(2)　現在も直面している業界再編時代のM&A

2015年以降注目されているのが業界再編のM&Aであります。次頁の図にありますように，どの業界においても企業の置かれているそれぞれの段階において業界再編が行われます。現在のようにモノがあふれ，経済の高度成長下，成熟下のもと，会社の寿命および商品の寿命（第5章3.を参照）が短いのは宿命であると考えます。

ここで注目すべきは，上位10％の時には，中堅中小企業のM&Aが頻繁に行われ，業界再編が始まるということです。M&Aは現在も増加中ですが，コロナ後においては救済型，成長型のM&Aの急増が予想されます。

上位50％の時には，数量的には少ないものの，今後地方創生の観点から増加が予想されます。

82

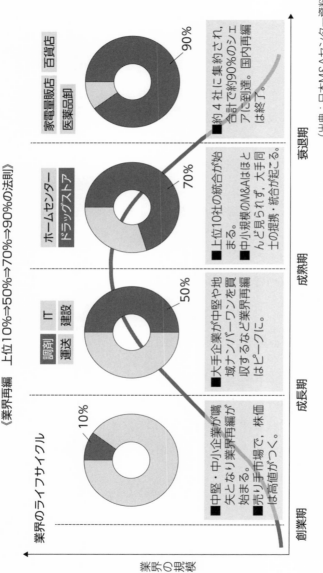

《業界再編　上位10%⇒50%⇒70%⇒90%の法則》

業界のライフサイクル

業界の規模

百貨店
家電量販店
医薬品卸

90%

■約4社に集約され、合計で約90%のシェアに到達。国内再編は終了。

ホームセンター
ドラッグストア

70%

■上位10社の統合が始まる。
■中小規模のM&Aはほとんど見られず、大手同士の提携・統合が起こる。

IT
調剤
建設
運送

50%

■大手企業が中堅や地域ナンバーワンを買収するなど業界再編はピークに。

10%

■中堅・中小企業が嚆矢となり業界再編が始まる。
■売り手市場で、株価は高値がつく。

創業期　　成長期　　成熟期　　衰退期

（出典：日本M&Aセンター資料）

上位70％の時には，経済のグローバル化のもとに，海外企業との競争に打ち勝つために，大手同士のM&Aが予想されます。

上位90％の時には，国内再編が終了しており，各業種で落ち着きがみられます。メガバンク（三菱UFJ・みずほ・三井住友），監査法人（新日本・トーマツ・あずさ・PWCあらた），コンビニ（セブンイレブン・ローソン・ファミリーマート），ビール（キリン・アサヒ・サントリー・サッポロ）のように大手3〜4社にほぼ集約されています。

(3)　建設・不動産のM＆Aの現状

住宅・不動産業界でM&Aが加速している背景は以下のとおりです。
① 　中堅企業が守りから攻めに方針転換
② 　異業種・隣接業種からの参入が激化
③ 　地域内の合従連衡の進行
④ 　業界環境の激変

その結果として顧客の争奪戦・人材不足・金融緩和により蓄積できる体制の絶好のチャンスであり，住宅・不動産業のM&A環境は過去最高水準です。

筆者の事務所へ，地元の大手建設会社から，「東日本大震災以来，仕事のできる職人不足なので，後継者難による事業の存続が困難な先があれば紹介してもらいたい」とオファーがきてます。

まさに建設会社のM＆Aの最盛期と言えましょう。

また，2019年には，関東の中堅電気工事業者の関西進出の足がかりに，京都の中小電気工事業者のM&Aをお手伝いしましたが，その際の話では，同業者同士ではなく隣接業種まで広げたM&Aが今後も電気工事業界を中心にダイナミックに展開していくと予想されるとのことでした。

84

《住宅・不動産業界の再編は今がピーク》

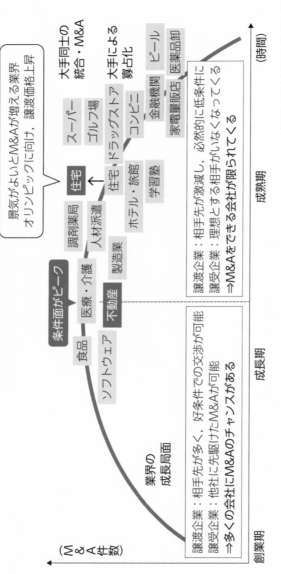

（出典：日本M&Aセンター資料）

(4)　病院・クリニック大廃業時代

《施設の20年間の増減》

| | 施設数 | | 対1998年 | |
	2018年	1998年	増減数	増減率
病院	8,372	9,333	▲ 961	▲ 0.10
一般診療所（クリニック）	102,105	90,556	11,549	0.13

《施設の１年間の開設廃止状況》

| | 施設数 | 対前年 | 2017年10月〜2018年９月 | | | |
	2018年	増減数	開設	再開	廃止	休止
病院	8,372	▲ 40	74	2	106	10
一般診療所（クリニック）	102,105	634	7,339	235	6,421	519

（出典：厚生労働省「平成30（2018）年医療施設（動態）調査・病院報告の概況」）

　上図に示すとおり，病院を取り巻く経営環境は厳しさを増し，20年間で約1,000施設が閉院しています。背景には以下の３点が挙げられます。

① 　後継者不在
- 子や親続に法人を引き継ぐ意思がない
- 承継の意思決定が遅い
- 院内幹部への承認は困難である

② 　経営不振
- ２年に１回の診療報酬改定で収益が増減する
- 人口減少により患者や職員の確保が困難である
- 地域の医療ニーズと病院の機能が相違する

③ 　施設の老朽化
- 施設や耐震面など安全性に不安がある
- 治療や療養の環境に適さない

　・2011年比で建設費用は約２倍に増加している

　一方，クリニックは減少していないものの，年間開設件数は約7,300件，廃止件数が6,400件と新陳代謝が激しい状況にあります。

　クリニックの後継者問題はさらに深刻で，後継者不在率は約90％と全業種の中で最も高いと言われています。さらに，開業準備に要する資金や時間，人材不足，経営への不安から開業を躊躇する個人の医師も多くいます。

　最近では，患者や職員を引き継ぎ，経営の見通しが立つ状態で引き継ぐ，承継開業が，開業の選択肢として注目を浴びているところです。

　2020年５月19日付日本経済新聞朝刊によれば，新型コロナウイルスの感染拡大が病院経営を圧迫する副作用を生んでいる模様です。５月18日付けで病院団体が公表した集計で，４月時点で８割の病院の経営が悪化し始め，１病院当たりの平均値で，売上が10％マイナスで４億６万円，費用が４億3,351万円で3,345万円の損失となっています。院内感染を恐れて通院を避ける患者が相次いだのに加え，病院側も感染拡大を防ぐため，入院を減らさざるを得ないといいます。第２第３の感染拡大のおそれもあるので，遠隔医療の活用をさらに広げるなど，医療システムの基盤強化が急務です。

　以上のように，病院経営も厳しさが増し，将来的にはM&Aによる救済が増えることが予想されます。

第4章　資産の承継

1．自社株対策

　オーナー経営者は払込資本金の大部分を所有しているケースがほとんどです。会社の株式の株価が高額になっている優良な会社の場合は，さまざまな問題が生じます。

　相続が発生した場合，相続税が多額になり，相続税の納税資金の問題があります。また，遺産分割について，遺言書がない場合は法定相続分による遺産分けになりますが，通常は相続人間の話し合いによる「遺産分割協議書」が作成され，分配を決めるケースがほとんどです。ただし，遺産の分配額は「時価」によって配分額を決めますから，相続税評価額とは異なります。

　たとえば，後継者の財産は自社株のみになり，自宅や工場土地等の不動産もなく，他の兄弟の所有になってしまいますと，代表者としての個人保証の信用力が大きく低下してしまいます。

　相続税の納税資金のため，後継者からの自社株の買い取り資金または貸付金による現預金の流出が大きくなり，会社の財務状態が著しく悪くなることもあります。

　以上のような弊害をなくすために，生前から自社株対策が必要になります。以下，代表的な自社株対策について説明します。

(1) 贈与による自社株対策

株式（経営権）を確実に長期的に移動させる方法として贈与があります。贈与はどんな会社形態でも実行できる上，基礎控除の範囲（贈与価額が110万円）までは無税で贈与できます。毎年贈与を繰り返すと，短期間の効果としては薄くなりますが，長年かかって確実に自社株を移動させることができます。

① 贈与によるメリット
A　株式会社・有限会社にかかわらず実行可能です。

B　毎年，基礎控除（110万円）の範囲内で贈与すれば無税で済みます。

C　連年贈与は長期的ですが，確実に株を移動させることで効果があります。

D　将来の後継者に株を贈与すれば後継者としてのモチベーションを高揚させます。

② 贈与の時期
自社株を後継者へ贈与する場合，時期によって評価が変わるので，適切な時期を選ぶことが重要です。自社株を贈与する場合，次の決算期までに贈与をするのと，決算期を過ぎてから贈与をするのとでは，株価算定する基準が異なります。

類似業種比準価額の基準にする数値が前期と当期のどちらが有利かよく判断してから贈与する必要があります。

③　贈与後を想定した自社株対策を

　自社株の評価をした上で，贈与税の額を検討しますが，株価を評価する場合，贈与があった後の状態で判断されます。相続や贈与が起こる前に自社株対策をする場合は，相続・贈与が発生した後を想定して行うことが大切です。

④　自社株贈与の注意点

　贈与税対策といってもむやみに多数の親族に贈与することは止めましょう。後継者以外に株が分散すると，経営に関係ない人まで株主となります。自社株評価が高くなった時に株の買取り請求が起こるなど，事業承継の妨げとなります。

⑤　贈与の手続き

　自社株を贈与する場合，下記のような手続きをする必要があります。うっかりし忘れたことで贈与自体が否認される場合もあるので注意します。

　　A　贈与契約書を2通作成し，贈与者と贈与を受ける者とが1通ずつ保管します。

　　B　譲渡制限がある会社（ほとんどの未公開会社）の場合は，贈与の場合も譲渡承認が必要です。贈与をする人が会社に譲渡承認申請書を提出します。

　　C　株主から譲渡承認申請書の提出があれば，会社は取締役会を開催し，その承認を行います。承認の事実を取締役会議事録として記録しておく必要があります。

(2)　売買による自社株対策

　贈与による自社株対策も効果はありますが，時間がかかります。もう少

し早く株を移転させる方法に売買があります。同族会社のような未公開株式は将来の上昇を狙って，早い目に売買するのも得策です。

①　自社株売買の特徴

A　贈与とは違い売買により株数は減少しても，対価として現預金が増加するので財産総額は減少しません。

B　株式売買の場合，買う側の人に資金が必要です。

C　贈与はもらった人に贈与税，売買は売った人に所得税等が発生します。

D　株式売買の手続きは完璧にしないと，税務上の否認を受けます。

②　株式を売却することの有利性

上記のAのように，株式を売却しても対価として現預金が増えるので，財産の合計は変わりません（ではなぜ売買するのでしょうか）。

自社株の場合は経営計画の動向によって将来性が予見できるので，自社株評価が低い内に株式を売却して，後継者に移行することが有利です。

③　株式売却による譲渡所得の計算

個人株主が株式を売却すると，確定申告をする必要があります。ただし，申告分離課税の方法で申告するので他の所得とは合算できません。2つ以上の銘柄を売却する場合は，売却による利益と損失を通算することはできます。

④　株式売買の手続き

同族会社などの自社株対策として未公開株式を売買する場合は，税務上の否認を受けないように，下記の契約書等の作成・保管をしっかり行いま

す。さらに念を入れて，株の売買代金は銀行の預金口座を通して振り込み，売買契約書については公証人役場で確定日付をとるのも効果的です。

　A　有価証券売買契約書は2通作成し，売った側と買った側でそれぞれ1通ずつ保管します。

　B　譲渡制限のある会社は，株式を売却する場合に，株式の譲渡承認が必要なので，株式を売る人が会社に譲渡承認申請書を提出します。

　C　株主から譲渡承認申請書が提出されたら，会社は取締役会を開催し，その承認を行い，取締役会議事録を作成します。

⑤　同族会社の株式を誰に売るか

取引相場のない同族会社の株式は時価の基準があいまいなので，税務上は時価に相当する売買価額を通達等によって定めます。通達によると同族株式を誰に売るかによって時価が異なります。

　一般的には，この通達による税務上の売買価額で売却することが多いです。

〈売却相手による4つのパターン〉

　A　個人所有の株式を個人に売却する

　B　個人所有の株式を会社に売却する

　C　会社所有の株式を個人に売却する

　D　会社所有の株式を会社に売却する

(3)　第三者割当増資による純資産価額引下げ対策

①　第三者割当増資

第三者割当増資とは既存の株主以外の第三者または既存の株主のうちの特定の者に対して新株を割り当てる増資を言います。ここでいう第三者とは，特定の取引先や金融機関，従業員持株会をさし，新株発行価額は時価

が原則です。

　相続税の株式評価は同族株主が取得した株式については類似業種比準方式，純資産価額方式，あるいはこれらの併用方式により評価し，同族株主以外の株主が取得した株式については配当還元価額方式で評価することとなります。支配権に影響のない従業員等に配当還元価額で第三者割当増資を行っても税務上の問題は発生しません。

②　第三者割当増資の効果

　従業員持株会等への第三者割当増資を行うことは株式数を増やして，純資産価額を引き下げる効果があります。配当還元価額は配当を基準とした低い価額なので，これを基準に評価することのできる株主に配当還元価額で第三者割当増資をすれば，資産を余り増やさず，株式総数を増やすことができます。1株当たりの純資産価額を下げる方法として効果があります。この対策は増資が完了した時点で効果が発生するので，相続税直前対策としても効果的です。

③　増資による落とし穴

　相続対策に重きを置いたために，増資したことで資本金が1億円を超えて中小企業でなくなり，中小企業に対する諸々の優遇措置が受けられなくなる場合があります。

　相続対策のための増資が，会社にとっては法人税の負担増となるので，個人・法人の両面から自社株対策を検討する必要があります。

〈中小企業の優遇措置〉
①　交際費は年間800万円までは損金算入
②　法人税の税率軽減は所得800万円以下の部分は15％に軽減

③ 中小企業者等が機械等を取得した場合等の特別償却等

第三者割当増資による相続税評価額の下落効果試算

従業員に対して配当還元価額（500円）で20,000株増資を実行。

類似業種比準価額より純資産価額が低いものと仮定します。

	現状	第三者割当増資後
発行済株数	100,000株	120,000株
資本金	50,000千円	60,000千円
時価純資産額	200,000千円	210,000千円
オーナー所有株	100,000株	100,000株
1株当たり評価	2,000円	1,750円

譲渡所得課税の回避

持分移転は株式譲渡が一般的ですが，株式を譲渡すれば譲渡所得税が生じます。増資による場合は株式の譲渡を伴わないため，税負担を生じることはありません。税負担なく株式持分を移転させる方策として第三者割当増資が活用できます。

(4) 役員退職金を活用した自社株対策

① 社長交代と自社株対策

創業社長が後継者に事業を引き継ぎ，社内外でうまく社長職の交代が完了しても，これで事業承継が完結したわけではありません。次期社長も決まり，事業が発展すればするほど好業績が株価に反映し，資産の含み益があればより一層自社株の評価は高くなります。

創業社長が所有している自社株は相続財産として課税されるので何の対策も施さずに保有していると大変なことになります。自社株を後継者に税負担なく引き継ぐことが創業社長の最後の仕事となります。

②　生前に役員退職金を支給する場合

永年会社に貢献した創業社長への労苦をねぎらい，その上株価を大きく下げる効果のあるものとして役員退職金があります。多額の役員退職金を支払うと会社の利益や留保資金が減り，純資産価額・類似業種比準価額ともに評価が下がります。

【留意点】

A　実質的な引退をする
- 退職金を支払った後の報酬が現役時の半分以下であること
- 経営権を握らないこと
- 代表権を持たないこと

B　役員退職金が過大にならないこと（過大分は法人税上否認される）
- 最終月額報酬×役員勤続年数×功績倍率（計算式）

C　役員退職金規定に基づき所定の手続きをとる（議事録の作成が必要）

③　死亡退職金を支給する場合

退職金を支給すると生前でも死亡時でも自社株は下がるので，自社株対策として2回活用すると個人・法人ともに有利です。

役員退職金を2回活用する方法

（1回目）代表権のある社長・会長職を退任する時に支給

（2回目）非常勤の顧問や監査役に就任後死亡時に支給

（従来の役員報酬の2分の1以下の報酬であること）

④　相続税法上の非課税限度

会社から支給される退職金は「みなし相続財産」として相続税の課税対象となります。死亡退職金と弔慰金に関しては，下記の金額までは非課税扱いです。

死亡退職金の非課税枠

500万円×法定相続人の数

- ただし，生命保険金の非課税枠は別枠
- 法定相続人の数は相続の放棄がなかったものとして計算

弔慰金の非課税枠

- 業務上の死亡の場合　　……最終報酬月額の36ヵ月分
- 業務上以外の死亡の場合……最終報酬月額の6ヵ月分

⑤　法人税法上の注意点

　法人税法上，退職金は損金算入になる部分と損金不算入になる部分があります。退職した役員に対して支払った退職給与の額の内，不相当に高額な部分の金額は損金算入しないので，注意が必要です。役員功労実績に見合った退職金の支給をする必要があります。

(5)　高収益部門の事業譲渡

①　事業譲渡による事業承継対策

　後継者に新会社を設立させ，既存会社の高収益事業部門を事業譲渡する方法により，事業承継対策になることがあります。中小同族企業において，業績が良くなれば利益が計上され，内部留保が厚くなり，その結果オーナー社長の相続税対策が必要となります

　高収益部門を新会社に移すことにより，今後の利益は新会社に蓄積され，生前に事業承継した形になります。旧会社の収益性は落ちるので，今後の自社株評価額の増大を懸念する必要はなくなります。

②　人員の転籍

　旧会社から新会社へ従業員を転籍させる場合は，いったん旧会社で退職

金の支給が必要なので，それらも旧会社の株価を下げる要因になります。また，新設会社において，退職金債務の問題を回避するため，退職金制度のない新しい報酬制度へ移行することも考えられます。

③ 旧会社から新会社への資産の賃貸

事業譲渡によれば，資産の移転は時価で課税されてしまうので，資産は旧会社に残しておくのが有利です。この旧会社に残した資産（不動産）を新会社に賃貸することにより，土地は貸家建付地，建物は貸家評価になり，旧会社の株式評価が下がります。

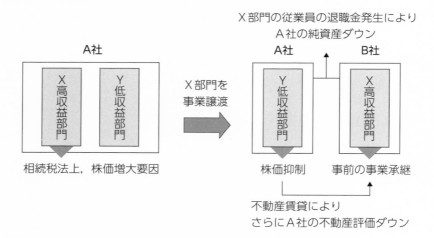

【留意点】

A　事業譲渡会社側

ⓐ　取締役会設置会社においては事業譲渡契約に関し取締役会の決議が必要となります。

ⓑ　事業の全部または事業の重要な一部を譲渡する場合には，株主総会の特別決議が必要となります。ただし，事業の一部を譲渡する場合であっても譲渡資産の帳簿価額が，譲渡会社の総資産額の20％以下の場

合には，株主総会の決議は不要となります。

ⓒ　事業譲渡に伴い従業員が移籍する場合には，いったん退職させ，再度新会社で雇用することになるため，従業員との個別合意が必要となります。

ⓓ　事業譲渡の承認に係る株主総会において，その事業譲渡契約に反対の株主等について株式買取請求権が認められています。

ⓔ　事業譲渡対価の算定にあたっては，営業権の評価を加味して算定する必要があります。

B　事業譲受会社側

ⓐ　譲り受ける資産の規模，譲受け対象部分に係る年間取引高について一定額を超える事業の重要部分等を譲り受ける場合にはあらかじめ公正取引委員会に届出が必要です。

ⓑ　取締役会設置会社においては事業譲渡契約に関し取締役会の決議が必要となります。

ⓒ　他の会社の事業全部の譲受けの場合は株主総会の特別決議が必要です。事業の一部を譲り受ける場合には，株主総会決議は不要です。

ⓓ　会社設立後2年以内に設立前から存在する財産を取得する場合は事後設立に該当し，その取得する財産の対価として交付する財産の帳簿価額の合計額が，その会社の純資産額の20％超以上の場合には株主総会の特別決議が必要となります。

ⓔ　事業によっては許認可を必要とするものがあり，事業譲渡は自動的に譲受会社に許認可が移転しません。そのため新たに許認可を取得する必要があります。

ⓕ　引継ぎ資産が不動産の場合には不動産取得税，登録免許税等の附帯費用が必要となるため，あらかじめ資金計画に組み込んでおく必要があります。

ⓖ 事業譲渡は会社分割と異なり消費税の課税対象となり，譲受資産に対し多額の消費税を支払うことが多くあります。このような場合には，免税事業者や簡易課税適用事業者の場合は所定の手続きをとり，あえて課税事業者となり，原則的課税方式を選択し，消費税の還付手続きをとることも必要と思われます。

(6)　自社株評価引下げのための会社分割

①　バブル期に投資した不動産の分離のため会社分割

本業に必要な土地・建物は長年保有していることから含み益がある場合が多い半面，バブル期に投資した本業と全く関係ない不動産は大きな含み損が生じていることが多いと思われます。

金融機関の不良債権処理の促進，事業再生（債権のランクアップ），不良部分の分離等の要請から，会社分割が利用されることがあります。

②　相続税対策として会社分割

①のように含み損が大きい資産を分離することによって，自社株の評価額が下がるケースがあります。純資産価額の評価は，相続税評価額による純資産価額と帳簿価額による純資産価額の差額（含み益）の37％を純資産価額から控除することとされています。

含み益のある資産と含み損のある資産がある場合は，これらが相殺されてしまい，高い株価になっています。

③　事　例

同族会社（100％同族株主）

A社　　　　　　　　　　　　（億円）

X不動産　　10 （相続税評価　40）	負　債		50
Y不動産　　30 （相続税評価　10）			
その他資産　40 （相続税評価　40）	純資産 （相続税評価	30 40）	

相続税評価 40
－）法人税相当額（40－30）× 37％＝3.7

株価評価額　36.3億円

A社の株式評価方法：純資産価額方式

会社分割

A社

X不動産　　10 （相続税評価　40）	負　債　　　　22
その他　　　20	純資産　　　　8 （相続税評価　38）

B社

X不動産　　30 （相続税評価　10）	負　債　　　　28
その他　　　20	純資産　　　22 （相続税評価　2）

相続税評価 38
－）法人税相当額（38－8）× 37％＝11.1

　　株価評価額　26.9億円

相続税評価 2
－）　　　法人税相当額 0

　　株価評価額　2億円

　　　　　　　　計 28.9 億円
よって自社株評価額が，7.4億円下がりました

(7)　同族会社に対する貸付金の資本金振替え

①　貸付金を資本金に振り替える意味

　同族会社で資金繰りのために，社長が個人的資金を会社に貸し付けていることがよくあります。同族会社に対する貸付金は，社長に万が一のこと

が起こった場合，相続財産に含まれ，相続税の課税対象となるので，相続財産から外しておく必要があります。方法としては，債権放棄と，貸付金を資本金に振り替える，第三者割当増資があります。税務上の繰越欠損金がある会社は前者が有利で，繰越欠損金がない会社は後者が有利です。

■貸付金を資本金に振り替える（第三者割当増資）ことによって
　相続税評価額を軽減するポイント

　　① 貸付金を資本金の増資に振り替えて，株式の評価に変えます。
　　② １株当たりの時価で増資します。
　　③ 貸付金の評価が株式の評価となるため，評価が下がります。

② 貸付金を増資に振り替える（第三者割当増資）ポイント

A　譲渡制限のある会社では株主総会の特別決議が必要です。

B　株式の時価を算出して，その額で増資すること。

　（支配的株主にとっての増資や譲渡にあたっての株式の評価は相続税評価を基本に次の３つの条件を加味して評価する）

　　a．中心的な同族株主に該当する場合，会社規模は小会社として評価する。

　　b．純資産価額の計算上，会社所有の土地・上場株式は時価評価する。

　　c．純資産価額の計算上，評価差額（含み益）に対する法人税等相当額（37％）の控除はしない。

③ 現物出資をしたことによる相続税対策効果

　現物出資時の株価は相続税評価額と異なり，純資産価額を基準とした比較的高い価額となります。増資する時は時価で株式を取得するので，原則的には相続時の相続税評価額より高い価額で引き受けることが多くなります。

　逆に相続が発生すると，会社規模に応じた相続税評価方法で評価するので，増資した金額より評価は下がります。

　増資前は，会社への貸付金としてそのままの評価ですが，増資後は非上場株式という財産に変わるので，相続税対策の効果は十分あります。会社にとっても資本金が増えることで財務基盤が充実し，自社株対策としては効果的です。

④　現物出資の法的注意事項

　法人に貸し付けている資金を法人の資本金の増資に振り替えることは，現物出資の扱いになります。現物出資を行った場合は，従来は，原則として検査役の検査が必要とされていましたが，会社法施行後の会社に対する金銭債権の現物出資については，その債権の履行期が到来しており，かつ，その債権金額以下で出資をする場合には検査役の検査は不要です。

(8)　持株会社を活用した自社株対策

①　持株会社の意義と形態

　持株会社とは，個人株主の所有する株式を個人に代わって所有する会社です。

　i　純粋持株会社……株式保有のみを行い，事業は小規模の賃貸業等を除きほとんど行いません。

　ii　事業型持株会社……持株会社で新規事業を担当または本体事業の一部を分社します。

② 持株会社の相続対策上の効果

	目的適合性	株式対策による効果
単価引下げ	◎	• 利益蓄積の含み益37％控除による株価上昇抑制効果 • 持株会社への譲渡による評価固定効果 • 株式保有特定会社化を避けることによって株価抑制対策実施
株数減少	◎	オーナー所有株の持株会社への譲渡
納税資金	◎	持株会社への譲渡による自社株資金化

③ 持株会社の株式評価に対する効果（純資産価額）

　持株会社は，一般的に株式保有特定会社に該当し，純資産価額評価が強制されます。事業会社の利益蓄積による株価上昇は，持株会社保有株式の含み益となりますが，純資産価額算定上含み益に対する37％控除が適用される結果，株価上昇が約2分の1に抑制されます。

④ 持株会社の株式評価に対する効果（類似業種比準価額）

　持株会社を事業持株会社にすることにより，株式保有特定会社に該当しなくなった場合には，持株会社の評価において類似業種比準価額を評価要素にすることができます。この場合，持株会社の事業利益によっては持株会社の評価を引き下げることが可能です。さらに，事業持株会社が大会社になれば，持株会社の保有する本体事業会社の株式評価の影響を排除することも可能となります。

⑤　持株会社への自社株譲渡による株式評価固定効果

　自社株を持株会社に譲渡することにより株式は現金化し，その後は現金が相続対象資産となります。したがって，今後の株式評価上昇による影響を受けないこととなります。

　このように，将来の株価評価上昇を避け，現時点の評価額に固定する効果があります。

　ただし，譲渡価額の算定には法人税法上の時価が要請され，含み益に対する37％控除も認められないため，含み益が相当ある場合には相続税原則的評価額を大きく上回る場合があります。

⑥　持株会社の株主を後継者にすることによる効果

　持株会社の株主構成を設立当初から後継者にすることは可能です。この場合，将来の株価上昇による相続財産への影響がありません。

　また，持株会社株式は相続対象ではないので，持株会社保有の事業会社株に関して後継者への財産分割もそこで確定します。後継者間での株式承継に伴う争いを未然に防ぐ効果もあります。

⑦　資金準備に対する効果

　自社株を持株会社に譲渡することによりオーナー所有株の現金化が図られます。もちろん，持株会社の資金調達力・返済原資が必要ですが，現金化を図ることにより納税資金準備・財産分割資金の確保が可能となります。

(9)　法人・個人の連結貸借対照表をつくる

①　会社と社長個人の連結貸借対照表をつくる

　社長の事業承継・相続対策のためには，普段から会社と社長の連結貸借対照表の作成が必要です。中小企業の場合，社長は借入れにあたって個人

　保証をさせられます。返済不能の時には，社長個人の全財産を提供しなければなりません。最悪の場合，倒産・自己破産といったことにもなります。

　中小企業の場合，社長の子供が後継者となることが多いので，後継者は親である社長の個人資産を少しはあてにしている場合がありますが，それ以上に自力で切り開く覚悟が後継者には必要です。

　ある程度の時間をかけて（3～10年）社長の資産を後継者に移転するなどして，後継者と会社の連結貸借対照表の状態を考慮しながら，事業承継すべきです。

　よって，会社の貸借対照表のみならず，社長の貸借対照表との連結貸借対照表，そして後継者の貸借対照表との連結貸借対照表を作成し，時間をかけて後継者の連結貸借対照表を育て上げる必要があり，それは社長の義務でもあります。

　実際，相続が発生した時，社長の財産が各相続人に分配され，事業承継前の連結貸借対照表と事業承継後の連結貸借対照表の内容は大きく変化するため，相続の手続きとして，社長個人の資産と負債を目論見表として作成することから始まります。連結貸借対照表を作成していない場合，この段階で初めて作成されます。つまり事業承継であれ，相続であれ，社長の相続発生時には連結貸借対照表を作成しなければなりません。

　しかし，これでは手遅れです。なぜなら社長の資産の中には自社株が含まれ，これが大きなポイントになるからです。自社株は会社の資産から負債を差し引いた財産をもとに評価され，社長の資産（自社株）と会社の資産および負債とは切っても切れないものになってしまいます。

　また，中小企業，特にオーナー会社の決算書はほとんどの場合，実態を反映していません。赤字にすると銀行から融資を受けにくく，あまり利益を出すと税金を取られてしまうというジレンマがあります。

　よくあるケースとして，毎年100万円前後の利益を計上している会社は，

役員給与，オーナーから借りている地代・家賃，減価償却費で調整しているケースがあります。ほとんどの場合，税務上問題はありません。銀行からは黒字で債務超過がなく，正常先として喜ばれます。

さらにグループ会社を持っている場合（節税対策という目的が多い）売上の振替え，費用の付け替えで利益を調整しています。決算期が大きく離れている場合は注意が必要です。

会社自身も実態を把握できていないケースも多くあります。筆者の経験上，事業再生案件でグループ会社を持っている場合，ほとんどが粉飾決算をしています。

② 連結貸借対照表の効用と会計事務所の協力

A 連結することの社長個人の効用

a オーナーの情報の把握

資産については「実在性」だけでなく「網羅性」も重要である。隠し預金口座，隠し株式，本人が失念している貸付金の存在などすべてを明らかにすることがポイントになります。

b 貸借対照表の利用によって無駄を把握

- 現預金について，運用の必要性はないのか
- 有価証券について，投資の必要性，株価の動きが気にならないか
- 貸付金について，誰に貸す必要があるのか，返済の有無，会社や第三者から借金していないか
- 仮払金について何のために存在し，正当な会計処理をしているか
- 土地・建物について，収益を生むものか，現金化できるか，遊休資産となっていないか
- 未払金について，自宅の建て替え・修繕費など適切な処理をしているか

- 借入金について，社長個人が会社から借り入れている場合，貸借関係のルールの適正性

c　お金の使い方が変わる

　富裕層のほとんどは，稼ぎ方より使い方の方が大事であると考えています。お金の使い方は決算書の借方に反映されますが，資産と費用が計上されます。費用はすでに過去のものですが，資産は将来，収益を生む資産だけではなく，費用化できる資産や未解決の債権などがあり，将来に影響を及ぼすものです。連結貸借対照表の作成はお金の使い方を変えるために必要な会計情報となり，スリムな財務体質の強固な企業づくりが実現できます。

B　連結することの会社の効用

a　会社の基盤を発見

　社長には個人人格と組織人格の2つの人格があり，連結貸借対照表により社長は組織人格者として会社単体の貸借対照表で判断できるだけでなく，個人人格者として連結貸借対照表で判断することもできるようになります。

b　経営力の向上

　会社は利益を計上しても，資金が潤沢だとは限りません。一度資金繰りが悪くなると悪循環に陥り，なかなか元に戻らない場合もあります。連結貸借対照表を作ることにより，無駄を省き，効率的な経営が可能になります。

c　社長の会計の読解力が向上

　企業活動はすなわち人の行動です。人が行動すれば，モノとカネが動きます。この動きを一定のルールに従って記録するものが会計です。会計がわからないということは，すなわち，企業の活動がわからないということです。真剣な社長ほど，伸びる社長ほど，新鮮な数字を欲しがるものです。

C　相続税対策としての連結貸借対照表の効用

　たとえば，オーナー経営者で，会社に対する貸付金がある場合，当該会社が赤字もしくは税務上の繰越欠損金がある場合，突然相続が発生すると貸付金が相続財産になるため，相続税対策として，元気なうちに会社に対しての貸付金を放棄し，会社にとっては税務上の損金計上により税金を生じない対策を取るべきです。

③ 社長個人と会社の連結貸借対照表

社長のB/S

現預金	1,000	未払金	1,000
会社への貸付金	2,000	会社からの借入金	3,000
会社以外への貸付金	2,000		
不動産	1,000		
自社株式	2,000		
繰越利益剰余金	8,000	会社以外からの借入金	12,000
総資産	16,000	総負債・総資産	16,000

会社のB/S

現預金	2,000	営業債務	4,400
営業債権	6,000	社長からの借入金	2,000
有価証券	1,000	社長以外からの借入金	6,000
社長への貸付金	3,000		
社長への立替金	600	資本金	2,000
社長以外への貸付金	2,000		
不動産	4,000	繰越利益剰余金	4,200
総資産	18,600	総負債・総資産	18,600

社長・会社の連結B/S

現預金	3,000	営業債務	4,400
有価証券	1,000	未払金	1,000
営業債権	6,000	借入金	18,000
貸付金	4,000		
不動産	5,000		
繰越利益剰余金	4,400		
総資産	23,400	総負債・総資産	23,400

２．租税回避行為

⑴　租税回避行為の意味するところ

　法の抜け穴を探して税負担を免れること＝課税の公平性に反する租税回避行為とは「法律の選択可能性を利用し，経済的には合理的理由がないのに，通常用いられない法形式を選択することによって，意図した経済目的を実現しながら，税負担を免れる」と定義づけられます。

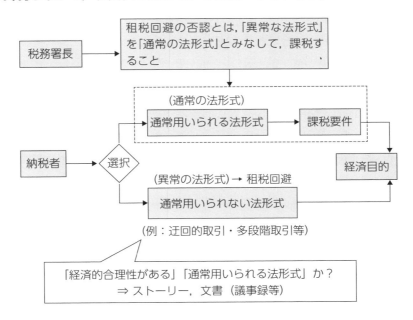

⑵　経済的合理性があるとは

　たとえば同族会社においてそのグループの中で２社合併する場合，その２つの会社にとって，収益については相乗効果による逓増効果によって増収，費用について重複部分を省くことによる逓減効果，対外的にイメージ

アップ，従業員にとってモチベーションアップが期待される場合など経済的合理性がある場合，その結果によって税金負担が減るという節税効果があっても，税務上認められる。当然，取締役会議事録に議論の経緯，株主総会の決議があるのが当然である。

　この場合経済合理性を無視し，税金の節減効果だけを理由とした場合，税務当局は合併についての合理的理由を調査したり，議事録の書面を調査したり，オーナー社長だけでなく，取締役にヒアリング，また関与した税理士・司法書士にまで状況を確認したりすることによって，税務上否認される場合もあります（以前，組織再編税制が導入される場合，合併については税務上，肯定説・否定説両方がありました）。

(3)　最近のトピック

①　持株会社を利用した相続税「節税スキーム」

　自社株の相続対策に悩む中小企業の経営者が，取引銀行から提案された別会社へ株を売却するなどの「節税策」を実行したところ，税務署に認められずに課税され，国を相手取った訴訟に発展するケースが増えています。

A　国税当局が認めず！

　年商数十億円のA社を経営するBさんは，A社の全株式を所有しています。取引銀行などが提案したのは，Bさんが持株会社（P社）を設立したり，既存の別会社を持株会社にしたりして，自身が持つ自社株（A社株）をP社へ移すというものです。そうすることで，P社株の評価額（株価）だけを下げておけば，A社株とP社株を相続する場合よりも相続税が節税されるという理屈です。

　具体的には，P社は取引銀行から借入れをし，BさんからA社株を買い取ります。国税庁通達はP社とA社を親子関係にしたり，P社の借金が増えたりすれば株式評価額は下がると規定しているため，通達を形式適用し

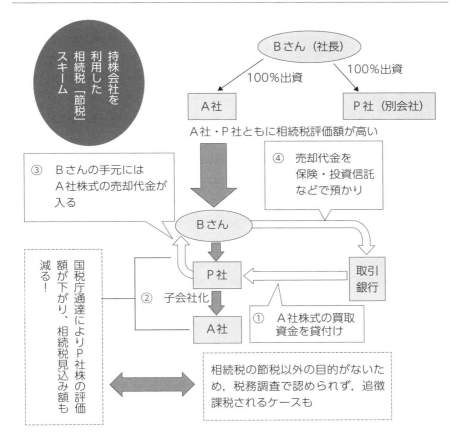

た場合のP社の株価は，A社株買取り前よりも大幅に下がります。

　A社株は相続財産ではなくなったため，息子はBさんの死後，株価が大きく下がったP社株式だけを相続財産として相続の申告を行うことになります。国税庁通達どおりとはいえ，このような株の評価減は相続税を減らす以外に目的がありません。このため「これらのケースでは国税当局が租税回避行為と認定した可能性がある」と指摘されています。

　B　銀行には幾重にもうまみ，責任は税理士へ！

　本来は他の株式会社を支配するために，その会社の株式を保有する「持

株会社方式」を節税策として提案することは，取引銀行にとっても数々の
メリットが生まれます。Ｐ社の多額の融資を実行でき利息収入が入るほか，
Ｂさんの手元に残るＡ社株式譲渡代金を生命保険や投資信託などに振り分
けさせることで，販売手数料も得られます。

　一方で，税務訴訟に詳しい弁護士は「節税策を否認する国の判断が不服
審や訴訟で認められていけば，そうした策を適切な説明なしに提案した銀
行の責任も問われるようになる」とクギを刺します。また，銀行側は提案
時，経営者には「具体的な税額計算は税理士にご確認を」と言い添えるこ
とが大半で，税務に関する最終的な責任は顧問税理士にあるとの立場をと
ります。銀行提案の節税策が失敗した場合，経営者にリスクを十分に説明
しなかったとして，顧問税理士の責任が問われる可能性もあります。

（出典：産経新聞（2016.8.29），無断転載不可）

②　国税庁が全額損金節税保険にメス

　法人で加入する定期保険は，保険料を会社の経費で落とせるため，会社
の利益を圧縮できます。また解約時の返戻金が高く設定されているケース
が多いため計画的に解約すると，ほとんど保険料の負担なしで合法的に資
産を構築できます。

　今回ターゲットになったのは「一定期間災害保障重視型定期保険」で災
害を原因とする死亡，高度障害状態を重点的に保障するもので，経営者に
万一のことがあった場合に，死亡保険金，高度障害保険金を事業保障資金
などの財源として活用できるのが特徴です。

　この定期保険は全額損金計上のほか，契約して数年後の解約返戻金が高
く設定されていることから税効果を含めると100パーセントを超える実質
的な効果が見込めます。最近では，解約返戻金は5〜10年でピークの9割
程度に達するだけでなく，条件によっては契約してから数年で7割も超え

る商品も販売されていました。この商品は，日本生命が2017年に出した「プラチナフェニックス」に始まり，中小企業経営者のニーズをつかみ，市場規模が数千億円にまで拡大し，生保のセールス文句では保険そのものの返戻率とは別に，節税効果も含めた「参考返戻率」という言葉が使われ，勧誘が過熱していました。

国税庁はそもそも途中解約で支払った保険金の大部分が戻ってくることが前提なら，損金でなく資産として計上すべきで，少なくとも保険料の全額を税務上の損金にできる仕組みは見直すべきという立場です。ピーク時の「解約返戻率」が50％を超える商品について，これまでのように保険料を全額経費として計上することについては認めていません。

③　レバレッジドリースに対するリスクの高まり

新型コロナウイルスの感染が収まらず，世界の主要航空会社の経営が揺らいでいます。航空危機は航空機リース会社にも影響を与えています。航空会社からのリース料支払いが滞れば，リース会社側の財務悪化は避けられません。関連の金融商品にも損失が生じるおそれがあります。

オリックスなど国内大手リース各社は機体数で世界トップ20に入るほど航空機分野に注力してきました。オリックスによると，取引先の航空会社の8〜9割から支払遅延の要請があり，6割程度に応じています。

航空機リース業界が苦境に陥り，関連する金融商品（レバレッジドリース）を購入した中小企業などが損失を破るリスクも高まってきました。この商品は航空機の持分を小口化したもので，購入すれば税務上の損金として処理でき，本業で発生した利益への課税を一時的に回避できるものです。国内年間販売額は4,000億円超に増えていました。

リース料収入が滞って組成時に調達したローンの返済が滞ると，金融機関に機体を差し押さえられて投資家は全損というシナリオも想定されます。

(4)　今後の方向性

　筆者は，以前国税局資料調査課の税務調査の際に，税務当局の担当官から「節税をあおるセミナー，書物等についてはすべて情報を得ている」と聞いたことがあります。節税対策を実施する場合，常に合法性（課税の公平性），経済的合理性を検討しなければならないと肝に銘じているところです。

　また20年以上前に，ある国税庁主計課出身の著名な公認会計士・税理士の先生が「節税ビジネスという言葉はナンセンス。無駄な税金を払わせないのは，税理士の最低限の仕事であり，節税をうたってのセミナー，書物はダメ。節税の大前提は，個別の事業についての経済的合理性で，ある特殊な方法によって節税ができたとしても他のだれにでも通用することは，課税の公平性からいってもありえない。節税だけのスキームは絶対にありえない」と発言されたのを鮮明に覚えています。

　昨今ではいわゆるタワーマンションの節税が注目されるところです。固定資産税については低層，中層，高層と分けることにより評価額を変更しました（総務省）。眺望のよい高層階は買うときの「時価」が高くなります。しかし「相続税評価」としては，高層階が他の階と比べて高いわけではありません。この点が相続税の節税につながります。

　マンションは一戸建てと比べて時価に占める建物の割合が高いため，相続税の節税効果が高まります。自宅用として購入して子どもと同居すれば，いざ相続が発生した時に，小規模宅地の評価減も使えます。不動産を貸しつけることで，相続税評価額を下げることもできます。

　しかし，賃貸住宅は将来空室になってしまうかもしれません。また不動産は現金と異なり，相続時に時価が下がっているリスクもあります。

　タワーマンション節税についても，そのマンションを相続直前にほぼ全

額借入れに近い形で購入し，死亡後すぐに売却された場合に否認されている事例が多数報告されています。筆者の知るところでは，ある被相続人は潤沢なキャッシュを持っており，全額キャッシュで高層マンションを購入し，相続後も保有し続けているかぎり，後日の相続税調査で指摘されませんでした。

　バブル全盛時，養子縁組に規制がなく「相続前に16人の養子縁組をして，相続後の基礎控除増額により，相続税を計算，相続発生後養子縁組を解除した」という案件がありました。経済合理性がなく税務否認を受け，これをきっかけに「養子縁組については実子がいる場合1人，実子がいない場合2人まで認める」という税法上の規制が課せられたことが記憶に新しいところです。

(5)　不動産管理会社による節税はダメになる

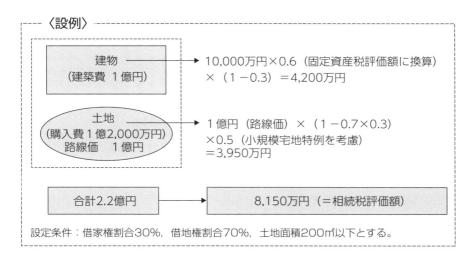

　設例によると，現金で2.2億円をかけ，土地を買ってアパートを建てて賃借する場合に，上記計算のとおり，土地，建物の合計評価額は最終的に

約8,150万円に下がります。

　将来の相続税負担を減らそうと，高額の借り入れをしてまで賃貸住宅を
建てる富裕高齢者は少なくなく，金融機関は低利で融資してきました。

　ところが最近，税務調査で評価減を否認する例が目立ってきて，中には
路線価すら認めず購入価格を課税し直す例もあるようです。

　特に厳しくみるのが「駆け込み節税」の高齢者が賃貸経営の話を持ちか
けられて着手していたような節税以外に理由が見出せないケースです。

　国税当局は賃貸経営に伴う不動産所得にも厳しく対応し，不動産管理会
社に払う管理料などを必要以上に高く設定する例には税務署が執拗に修正
申告を求める例が増えているようです。

〈筆者の経験に基づく賃貸経営の成功の勘所〉

　アパート・マンションを建てる場合，数社の相見積もりをとり，最適な
業者を選ぶ場合が多いと思います。ここで強調したいのは，税務的な視点
より経営的視点・観点を優先して欲しいということです。

> （例）　地主の場合
> 　　　　アパート建築
> 　　　　資金（自己資金 or 一部借入れ or 全額借入れ）
> 　　　　現在だけでなく，5年後，10年後，30年後の事業としてのシ
> 　　　　ミュレーション）

- 経営的視点として，入居者がたとえ7割になっても事業として成り立
  つようにする。
- 特に借入れに頼る場合，入居者が減少あるいは賃料が下がっても事業
  として成り立つシミュレーション＝経済的合理性を満たす。

３．納税猶予制度（特例事業承継制度）

⑴　法改正の変遷

　平成20年５月９日に「中小企業における経営の承継の円滑化に関する法律」（以下円滑化法といいます）が成立し，平成21年度税制改正により，非上場株式等に係る相続税・贈与税の納税猶予制度が創設され，相続税に関しては，円滑化法の施行日（平成20年10月１日）以後の相続等についてさかのぼって適用されました。以下は，主な法改正の内容です。

①　平成25年度税制改正

A　親族内承継要件の廃止

　後継者の要件のうち，先代経営者の親族であることとする要件が撤廃されました。

B　役員退任要件の緩和

　先代経営者が，贈与時において役員でないこととする要件について，贈与時においてその会社の代表権を有していないことに改められました。

C　代表者の役員要件の緩和

　先代経営者が，会社から給与の支給等を受けた場合であっても，贈与税の納税猶予の取消事由に該当しないこととされました。

D　雇用維持要件の緩和

　雇用維持要件について，贈与または相続開始後５年間における常時使用従業員数の平均が，相続開始時または贈与時における常時使用従業員数の80％を下回ることとなった場合には納税猶予の取消事由に該当することとされ，要件が緩和されることとされました。なお，改正

前は各年における常時使用従業員数が要件でした。

E　民事再生計画の認可決定等があった場合の特例の創設

　　民事再生計画の認可決定等があった場合には，その時点における株式等の価額に基づき納税猶予税額を再計算し，その再計算後の納税猶予税額について，納税猶予を継続する特例が創設されました。

F　事業継続期間経過後の利子税の特例

　　贈与または相続開始後5年間の経過後に納税猶予税額の全部または一部を納付する場合については，この期間中の利子税を免除することとされました。

G　事前確認制度の廃止

　　経済産業大臣による事前確認制度を廃止することとされました。

H　資産管理会社の要件の見直し

　　常時使用従業員数が5人以上であることとする要件は，後継者と生計を一にする親族以外の従業員数で判定することとされました。

　　商品の販売・貸付等を行っていることとする要件について，後継者の同族関係者等に対する貸付を除外することとされました。

②　平成29年度税制改正

A　雇用維持要件の計算方法の見直し

　　相続開始時または贈与時の常時使用従業員に100分の80を乗じて計算した数に1人未満の端数があるときは，切り捨てる（改正前は切上げ）こととし，相続開始時または贈与時の常時使用従業員が1人の場合には，1人となります。

B　相続時精算課税制度との併用

　　相続時精算課税制度に係る贈与が，贈与税の納税猶予制度の適用対象に加えられました。

C　贈与者が死亡した場合の相続税の納税猶予制度の要件緩和

　　贈与者が死亡した場合の相続税の納税猶予制度における会社の要件について，会社が中小企業者および非上場会社であることとする要件が撤廃されました。

　　すなわち，贈与後に後継者の頑張りにより順調に成長を続けた結果，中小企業者ではなくなったり，さらに上場会社になったりしても，贈与者に相続が発生した場合において，贈与税の納税猶予から相続税の納税猶予に切り替えることができるようになりました。

D　手続き窓口が地方経済産業局から都道府県担当課へ変更

　　手続き窓口が地方経済産業局を通じた経済産業大臣から都道府県担当課を通じた都道府県知事へ変更されました。

③　平成30年度税制改正

10年間の特例措置として，要件の緩和が行われます。具体的には，特例承継計画を作成して贈与・相続による事業承継を行う場合には，次のA～Fができることとなりました。

A　猶予対象の株式の制限（発行済議決権株式総数の3分の2）を撤廃し，納税猶予割合を80％から100％に引き上げることにより，贈与・相続時の納税負担が生じない制度とする。

B　雇用維持要件を満たない場合であっても，その満たせない理由を記載した書類（認定経営革新等支援機関の意見が記載されているものに限る）を都道府県に提出すれば，納税猶予が取消しにならない。なお，その理由が，経営状況の悪化である場合または正当なものと認められない場合には，その内容を記載しなければならない。

C　従来，適用対象となったのは1名の後継者のみであったが，それ以外にも，後継者以外の議決権上位2名または3名の後継者に対する贈

与・相続に対象を拡大する。ただし，総議決権数の10％以上を有する者に限る。

D　経営環境の変化に対応した場合[注1]の減免制度を創設して将来の税負担に対する不安に対応する等の特例措置を講ずる。具体的には，譲渡もしくは合併の対価の額（当該譲渡または合併の時の相続税評価額の50％に相当する額を下限とする）または解散時の相続税評価額と５年間に後継者およびその同族関係者に対して支払われた配当および過大役員給与等に相当する額との合計額を納付すればよく，差額を免除する。

譲渡または合併後２年を経過する日において，譲渡後の事業が継続しており，かつ，これらの会社においての譲渡または合併時の従業員の半数以上の者が雇用されているときには，譲渡または合併の対価の額をもとに再々計算した贈与税額等と直前配当等の額との合計額を納付すればよく，差額を免除する。

E　先代経営者以外の株主（少数株主）からの贈与等も対象になる[注2]。

F　推定相続人以外の後継者に相続時精算課税の併用が可能[注3]。

注1）「経営環境の変化に対応した場合」とは以下のいずれかに該当する場合
- 直前事業年度の以前３年間のうち２年以上，赤字である場合
- 直前事業年度の以前３年間のうち２年以上，売上高が前年比減少している場合
- 直前事業年度末日における有利子負債が，売上高の６月分に相当する額以上である場合
- 事業が属する業種に係る上場会社の株価（年間の平均）が前年１年平均より下落している場合
- 後継者が経営を継続しない特段の理由があるとき

注2）後継者が先代経営者以外の者から贈与等により取得する株式についても，特例承継期間（５年）内に当該贈与等に係る申告書の提出期限が到来するものに限り対象となりました。

注3）事業承継制度の適用をうける場合は，60歳以上の贈与者から20歳以上の後継者

への贈与が対象となり，後継者が贈与者の子や孫ではない場合も適用可能となりました。

(2)　制度適用上の重要論点

①　あくまで猶予であることの念押し

> 事業承継税制はあくまで贈与税・相続税を猶予し，各種の免除事由が生じた場合に初めて猶予が免除となるが，各種の期限確定事由（打ち切り事由）が生じた場合には利子税を含んだ納税が生じること。

A　経営者の情報入手があいまいで，この特例を適用すると最初から「免除」になると勘違いしている経営者が多い。

B　そのため，あくまで要件を満たしたら「猶予」，その後免除事由が生じたら「免除」ということを理解してもらう。

C　期限確定事由（打ち切り事由）が生じた場合には利子税を含んだうえでの納税が生じるため，打ち切りリスクに備えて納税資金確保の必要性を必ず強調。

②　一般事業承継税制は今後適用されないという誤解を説明

> 特例事業承継税制は期限立法であり，適用期限（2027年12月31日）内の贈与・相続等を適用後に，当該適用期限を超えて新たに事業承継税制を適用する場合には，一般事業承継税制の適用となること。

A　特例事業承継税制を適用すると，一般事業承継税制は適用される余地がないという誤解をしている経営者が多い。

B　特例適用期限後に次々世代（孫世代）へ承継し，特例の免除を受けた場合，特例が延長されない限り，一般事業承継税制（贈与税）が適

用される。

C　そのため8割雇用要件が復活するなど，一般事業承継税制の内容が
そのまま適用されることになることを確認。

③　特例承継計画の確認申請期間を共有

> 特例事業承継税制は特例承継計画の提出が適用要件であり，提出期
> 限（2023年3月31日）までに会社名義での都道府県庁への確認申請が
> 必要となること。

A　一般事業承継税制と異なり，特例事業承継税制は「特例承継計画」
の期限内提出が適用要件となる。

B　そのため，提出期限内に「特例承継計画」を提出することが絶対条
件であるため，期限管理を共有しておく。

C　失念する前にある程度の計画が決まったらとりあえず提出しておき，
その後変更があれば変更申請をすることで対応することが実務的対応
となる。

④　贈与実行後，認定申請が必要なことを共有

> 特例適用期限までに贈与により特例事業承継税制を適用する場合に
> は，贈与年の10月15日から翌1月15日までに，会社名義での都道府県
> 庁への認定申請が必要となること。

A　特例承継計画とは別に，贈与実行後，所定の期限内に「認定申請」
を行うことが必要となる。

B　締切期限間近でなく可能な限り早いタイミングで提出できるよう，
贈与実行のスケジューリングを検討する。

⑤　相続等による取得後，認定申請が必要であることの共有

特例適用期限までに相続等により特例事業承継税制を適用する場合には，相続開始日の翌日から5ヵ月経過〜8ヵ月以内に会社名義での都道府県への認定申請が必要となること。

A　特例承継計画とは別に，相続等による取得後，所定の期限内に「認定申請」を行うことが必要となる。

B　締切期限間近ではなく可能な限り早いタイミングで提出できるよう，相続等による取得のスケジューリングを検討する。

C　遺言があればスムーズに進むが，遺言がない場合，遺産分割協議を行う必要があり，協議でまとまらなければ「認定申請」ができないことになるため，早期の遺産分割協議が望ましい。実務的には遺言作成が絶対に必要な条件となる。

筆者の事務所では，納税猶予適用の前提条件として，遺言書作成の必要性を説明し，その作成が難しい案件については，納税猶予制度を顧客が望む場合でもコンサルティングのお手伝いをお断りしています。

⑥　経営承継期間内における届出等提出と期限確定事由との関係

申告期限後の5年間（経営承継期間）は申告期限日を報告基準日としてそこから毎年3ヵ月以内に都道府県庁への年次報告書の提出が必要であり，それを受けて報告基準日から毎年5ヵ月以内に所轄税務署への継続届出書の提出が必要となり，これを怠り未提出の場合には，期限確定事由（打ち切り事由）に該当すること。

A　都道府県庁・所轄税務署への各々の提出タイミングを共有する。

B　5年間毎年の提出であるため，各々計5回提出することになる。

C　所定の期限内に提出ができない場合，期限確定事由（打ち切り事由）となるため期限管理が必要となる（贈与は管理がしやすいが，相続の場合，報告基準日が相続発生日から派生するため管理困難）。

⑦　**経営承継期間経過後の届出と期限確定事由との関係**

> 経営承継期間を経過後は3年に一度，所轄税務署への継続届出書の提出が必要となり，これを怠り未提出の場合には，期限確定事由（打ち切り事由）に該当すること。

A　税務署への提出のタイミングの共有。

B　3年に一度，免除理由に該当するまで継続的に提出するため，期限管理が困難。

C　所定の期限内に提出ができない場合，期限確定事由（打ち切り事由）となるため期限管理が必須となる（贈与は管理がしやすいが，相続の場合，報告基準日が相続発生日から派生するため管理困難）。

⑧　**8割雇用要件（期間平均）を満たさなかった場合のフォロー**

> 経営承継期間の末日に判定される8割雇用要件（期間平均）を満たさなかった場合，実績報告を行わなかった場合，期限確定事由（打ち切り事由）に該当すること（ただし，経営承継期間経過後はこの限りではない）。

特例事業承継税制では実質撤廃となったが，都道府県庁へ実質報告を行う必要があるため，失念しない。

⑨　永続的な主な期限確定事由を把握

> 経営承継期間か否かにかかわらず，A資産管理会社に該当した時，B資本金・準備金が減少した時，C株式を譲渡した時などは，期限確定事由に該当すること（ただし経営承継期間経過後の株式譲渡の場合には，一部納付に留まる）。

A　経営承継期間内か経営承継期間経過後，どちらにかかわらず，A・B・Cに該当した場合には期限確定事由に該当する。

B　Aは事業内容を変更した際には留意を要するため，財産内容の継続的なモニタリングが必要となる。

C　Bは均等割節税スキームを税理士が関知しないところで実行されている場合があり得るため，経営者へ事前に理解してもらう必要あり。

⑩　贈与時における先代経営者にとっての心理的疎外要因を報告

> 特例事業承継税制（贈与税）では，先代経営者は「贈与時」までに代表者でなくなっていることが求められること（ただし，役員の地位に留まることは問題ない）。

A　特例事業承継税制（贈与）で最も大事な決断となる要因である。

B　事業リスクを考えた場合，後継者にいつ贈与するかは経営問題。

C　代表者でなければ問題ないため，役員の地位は確保できるが，全社の代表権がないため，対外的に代表でなくなることは取引先との関係上，かなり重要な問題である。

D　贈与時までに会社法所定の手続きを経て，代表取締役を辞任している必要がある。

⑪ 贈与時において後継者が満たさなければならない要件の共有①

特例事業承継税制（贈与税）では，後継者は「贈与時」までに役員の就任から３年経過していることが求められること。

A 現段階では認識しておかなければならない優先的な事項。

B 贈与して代表を退きたいと考えた場合，役員就任して３年経過していなければ実質的に贈与できないことになってしまう。

C 先代経営者が認知症気味の場合，贈与できなくなる可能性があるため，そのリスクを感じる場合には早急に役員就任させる必要あり。

D 早めの役員就任を促す必要があるが，会社の生え抜き社員との関係を重視して役員就任しなければ経営に支障をきたすことになる。

⑫ 贈与時において後継者が満たさなければならない要件の共有②

特例事業承継税制（贈与税）では，後継者は「贈与時」には会社の代表者であることが求められること（贈与時までに会社法の求める手続きを遵守して代表者となっていること）。

A 贈与時までに会社法所定の手続きを経て，代表取締役に就任している必要がある。

B あくまで「贈与時」に代表に就任していればよく，特例承継計画の確認申請時には代表に就任していなくとも問題ない。

C 先代経営者が代表退任することの反射的効果であるため，事業リスクを鑑みて，その時期を模索する必要あり。

⑬　第二種特例贈与前に第一種特例贈与が必要であることの確認

> 特例事業承継税制（贈与税）では，先代経営者の配偶者からの贈与
> も本税制の適用を受けることが可能であるが，配偶者からの贈与は先
> 代経営者の贈与の後でなければならないこと。

A　平成30年からは一般・特例問わず複数者からの贈与が可能となった
　が，その場合でも先代経営者からの贈与（第一種特例贈与）を実行後，
　その配偶者からの贈与（第二種特例贈与）を実行する必要あり。

B　贈与可能な複数者には，後継者から見て「叔父」「叔母」「第三者」
　が含まれるが，それらの者から無償譲渡（贈与）されるケースは実務
　上少ないと思われるため，第二種特例贈与は配偶者を想定しておくこ
　とで十分であると考えられる。

⑭　贈与時の一括贈与要件に関する理解を共有しておく

> 特例事業承継税制（贈与税）では，先代経営者から後継者へ贈与す
> る際には，一括贈与要件（全部または一定数以上の株数をまとめて贈
> 与）が求められ，これを満たさない贈与は認定申請が却下される可能
> 性があること。

A　第一種特例贈与の際，複数回の贈与は許されず，また贈与する株数
　も制限を受ける。

B　後継者が1人の場合，複数人（3人まで）の場合で，株数の計算式
　は異なるが，実務上，経営権の集中のため後継者は1人に絞ることが
　多いと考えられるため，1人の場合を想定してすすめることで当面は
　足りる。

⑮　贈与実行時の法令遵守

> 　特例事業承継税制（贈与税）の前提として，贈与契約を締結する必要があるが，その際には会社法の定める譲渡承認請求等の諸手続きを遵守する必要があり，遵守しない場合には，認定申請が却下される可能性があること。

A　先代経営者と後継者との間で贈与契約。

B　会社に実施すべき譲渡承認請求や株主名簿書換請求等があるが，これらは法令を遵守していることが当然のことながら必要となる。

C　認定申請時にその内容を確認されても問題ないように法令遵守に努めることが必要。

⑯　贈与段階での意思能力の有無

> 　上記の場合，贈与者は認知症などの意思能力が欠如した場合，贈与契約や会社への譲渡承認請求等の諸手続きができなくなるおそれがあること。

A　贈与や譲渡承認請求等の諸手続きは先代経営者に意思能力があることが前提となる。

B　これらの行為は法律行為である以上，意思能力がない場合，後に無効主張される可能性を検討しておく必要がある。

⑰　相続発生時における後継者要件で最も注意すべき点

> 特例事業承継税制（相続税）では後継者は「相続開始直前」において役員であることが求められること（ただし，被相続人が60歳未満で死亡した場合を除く）。

A　特例事業承継税制（相続税）で最も注意しなければならない事項。

B　つまり，役員就任していない状況で先代経営者が突然亡くなった場合，本特例を適用する余地がなくなる（ただし，被相続人が相続開始日現在60歳以上の場合）。

C　現段階で経営者の相続発生リスクを認識しておき経営者への説明委任を果たす必要あり。

D　経営者の年齢を毎年チェックする必要あり。

⑱　相続発生時における後継者要件（争族防止）

> 特例事業承継税制（相続税）では後継者は「相続開始日の翌日から5ヵ月以内」に会社の代表権を有していることが求められていること（会社法が求める諸手続きを遵守する必要あり）。

A　先代経営者が突然亡くなった場合，後継者が役員であることは必要であるが，相続発生日の翌日から5ヵ月以内に代表者に就任する必要がある。

B　会社法所定の手続きを経て代表者に就任する必要があるが，期限内に代表者に就任できない場合，本特例が適用できないことになる。

⑲ 未分割の場合における本特例の不適用という事実

特例事業承継税制（相続税）では，相続財産である株式が未分割の場合には適用することができないこと。

A 先代経営者が突然亡くなった場合，遺言がないと遺産分割協議を行うことになるが，協議が難航した場合には，本特例が適用されないことになる。

B 実質的には都道府県へ認定申請を提出する相続開始後8ヵ月以内が遺産分割協議のリミットとなる。

C 贈与するか否かにかかわらず遺言作成が必要である。

⑳ 株券発行会社における担保提供リスク

特例事業承継税制（贈与税・相続税）では，制度の適用を受ける全株式を担保に提供することが求められること（株券発行会社，株券不発行会社かで手続きが異なる）。

A 適用を受ける全株式につき税務署への担保提供が必要となるが，会社法移行時に，株券不発行にしていなければ法務局の職権で株券発行会社となっているため，株券そのものを担保提供する必要あり。

B 株券不発行会社の場合，質権設定のみで対応可能となるため，事前に株券不発行会社にしておくことが必要となる。

㉑　非承継者の相続税負担に備える

> 事業承継税制（特例・一般）では承継者が相続（みなし相続含む）する株式評価額（贈与時or相続時）次第で非承継者の相続税額は高めに計算される可能性があること。

A　猶予した株式評価額を前提に相続税が計算されることになるが，その株価が高ければ相続税全体が高く計算されることになる。

B　株式以外を相続する非承継者は金融資産を相続することが想定されるが，思いのほか相続税額が高い場合には，代償分割で承継者から非承継者へ金銭分配するなどの対策が必要になる。

㉒　遺留分対策は別個の問題

> 事業承継税制はあくまで税制上の優遇措置であり，民法上の遺留分対策はこれとは別に必要であること。

A　a遺留分放棄，b除外合意，c固定合意，d民法改正（持ち戻し10年限定）で対応を図る。

B　もしくは，遺留分侵害額請求権に対応できる資金手当てをする。

(3)　筆者が実施中の実例

K産業
＜会社の沿革＞
（業種）家電関連部品（大手メーカー専属）　（創業）昭和40年代
（資本金）5,000万円　（従業員）600名　（株主編成）同族100％
（所在地）関西　（事業所数）国内　5ヵ所，海外　1ヵ所

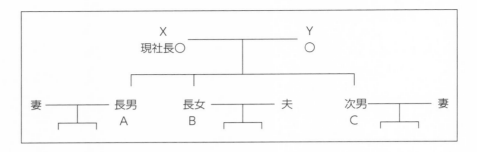

※会社には現場を担当する会計士，税務面については国税OBの税理士が顧問についておりますので，私共は自社株対策としての納税猶予制度，将来の承継計画および会社の将来像および同族間でもめないようにするための遺言書の作成，遺留分についての除外合意等について指導しています。

＜相続内容＞

- 創業社長X
- 高齢（70歳，相談時）につき後継者Aへバトンタッチ
- 自社株承継，X，Yの相続税対策
- 弟Cの今後の処遇
- 長女Bとの財産分配

＜第一次提案＞

- 上場（取引先との関係で断念）・M&Aを提案
- 平成28年に相談を受け，社長の社会貢献のための公益財団法人設立，従業員持株会，納税猶予制度（総数の３分の２までの部分について課税価格の80％分に対応する贈与税，相続税）を中心に提案，同時に役員退職金を十分にとることで資金確保。一部自社株評価引下げ。従業員持株会については次期社長が難色を示していた

＜第二次提案＞

- 平成30年度税制改革で100％納税猶予適用になり，自社株については新事業承継税制の納税猶予を実行
- 役員退職金X・Y（可能な限り多額）
- 除外合意
- 遺言書

＜手続きについての留意事項＞

以下，提出する書類の一例をあげる。

都道府県に特例承継計画の確認申請をする際の提出書類

- 確認申請書（特例承継計画）原本1部，写し1部
- 履歴事項全部証明書
- 従業員数証明書
- 返信用封筒

都道府県に特例の認定申請をする際の提出書類

- 認定申請書（原本1部，写し1部）
- 定款の写し
- 株主名簿
- 登記事項証明書
- 贈与契約書および贈与税額の見込み額を記載した書類
  （相続・遺贈の場合は，遺言書または遺産分割協議書および相続税額の見込み額を記載した書類）
- 従業員数証明書
- 申請基準年度の決算書類
- 上場会社等および風俗営業会社のいずれにも該当しない旨の誓約書

134

- 特別子会社・特定特別子会社に関する誓約書
- 贈与者・受贈者・その他一定の親族の戸籍謄本等
  （相続・遺贈の場合，被相続人・相続人・その他一定の親族の戸籍謄本等）
- 特例承継計画またはその確認書
- 貸借対照表，損益計算書等
- 返信用封筒

所轄税務署への提出書類
- 贈与税の申告書
  （相続・遺贈の場合は相続税の申告書）
- 税額の計算に関する明細書
- 都道府県知事から交付された認定書の写し
- 都道府県庁へ提出した認定申請書の写し
- 定款および株主名簿の写し
- 登記事項証明書
- 従業員数証明書
- 後継者の戸籍謄本または抄本
- 贈与契約書の写し
  （遺言書または遺産分割協議書の写しおよび相続人全員の印鑑証明書）
- 貸借対照表，損益計算書等

【筆者の事務所で納税猶予を使う場合の留意点】
　特例事業承継税制の適用については，別途契約を締結した場合に限りコンサルティングを行う。
　①　取消事由に該当した時の租税リスクが高いため。
　②　将来，相続税でもめた時の訴訟リスクが高いため。
　③　管理が10年以上に及び，途中解約があった時のリスク回避のため。
　④　10年を超える信頼関係に基づく顧問継続が前提条件でコンサルティングを実行。

4．親族外承継の勘所と留意点

　伝統的な事業承継の方法としては，
　①　親族内承継（実子・養子・婿養子・甥姪・娘婿など）
　②　従業員等の承継（MBO・EBO）
　③　第三者承継（M&A）
が考えられます。
　ここでは，親族内に承継者がいない場合の従業員等の承継について考察します。

(1)　親族以外に譲る時の基本的な考え方

　自社の役員や従業員の中から後継者を選ぶ場合。第一に「経営理念の一番の理解者であり，実践者である」ということです。
　第二に「実績主義で判断し，利益貢献が大きい人でなければ，周りも納得せず組織はまとめられない」ということです。

　また，個人の属人的能力ももちろんですが，業種的に明確な場合，技術性の強い会社であれば研究開発部門から，営業系の会社であれば営業部門から後継者を選ぶということになります。

　後継候補を選ぶ場合，会社としての主要機能を担う職能から選ぶか，自分に不足する能力を補ってくれる人を選ぶかが重要なポイントになります。一つの判断基準として「自分がいなくなった時に誰が適任か？」という視点が大事です。自分がいることを前提にした後継者選びは，冷静な判断を欠き，次代に好ましくない結果をもたらす可能性があることも認識しておく必要があります。

(2)　会社の借入金に処する連帯保証の問題

　非上場の企業において，個人保証問題は，事業承継上，切り離せない問題です。前社長が引退後も個人保証を続けたとしても，相続人が引き受けてくれる保証はないものです。逆に相続人自身が経営をするわけではないから，自分の責任の範疇でない借入金の保証を引き受けてくれることなど期待するほうが無理というものです。結局のところ後継社長が個人保証を引き継がざるを得ません。

　一方個人保証の件を解消するには，借入金を完済するよりほかに方法はありませんが，会社の成長・発展を実現し続けようとすれば，資金調達をせざるを得ないので現実的には難しいものです。

　この借入金の個人保証の問題が，従業員等承継のハードルを高くするという現実があります。

5．持株会

　中小企業のオーナーが，出資した金額の対価を必要としている場合や，

従業員の福利厚生や経営参画意識向上の必要性がある場合には，持株会の利用が考えられます。

　なお，従業員に直接株式を保有させる方法も存在しますが，従業員の退職や従業員に相続が発生した際に，時価の買戻しを請求される，買戻しに応じてもらえないなどの問題が生じるので，持株会の利用が考えられます。

(1)　メリット・デメリット

　設計・運営にもよりますが，一般的なメリット・デメリットは以下のとおりです。

①　メリット

- 持株会を安定株主とすることで，会社の支配権を維持しながらオーナーの相続財産を減らすことができる。
- 無議決権株式化することで，株主による経営への関与を避けられる。
- 従業員の福利厚生の充実，モチベーションアップを図る。
- 持株会への株式譲渡価格は高くても額面程度におさまるケースが多いので，資金調達の負担を抑えられる（時価による買戻しは可能である）。
- 持株会は法人ではなくかつ同族株主でないので，通常は最も税務上の株価が少額になる配当還元方式での譲渡が可能になるので，従業員でも取得が可能となります。

②　デメリット

- 持株会参加者1人当たりの保有する株式が100分の3以上となると，少数株主権（会計帳簿等閲覧権，取締役等解任請求権）が生ずる。
- 課税当局に幽霊持株会と認定されないために，持株会の運営，参加者

の確保等の負担が生ずる。

- 参加者が持株会へ参加する意味，および持株会が株式を保有する意味を持たせるために，毎期配当を行う必要があるが，業績悪化時に負担となる可能性がある。
- 退職者から持分を取得価額で買戻しできるようにしておかないと，資金負担が大きく，運営が困難になる。

③　少数株主の権利

以下は，少数株主が保有する主な権利です。

議決権または持株比率の１％以上（または300個以上）：

株主提案権

議決権または持株比率の３％以上：

帳簿閲覧権，取締役等の解任請求権

また，その他にも株主代表訴訟提起権（１株でも可能）があります。

　中小企業の場合には，従業員に帳簿はもちろん，決算書も開示しないことのほうが多いと思われますので，従業員が帳簿閲覧権を持つことがスキームの弱点になる可能性があります。

　従業員持株会規約に規定することで，個々の従業員が従業員持株会に拠出した３％の株数相当以上の持分を保有する場合でも，持株会としては理事長名において権利行使が可能ですが，個人としては権利行使できないようにすることが可能と解されています。

　個々の従業員が保有する持分について，理事長と異なる議決権行使を望む場合には，その内容を理事長に指示しなければなりません。その結果，事実上，従業員が帳簿閲覧権を行使する可能性は低くなっていきます。株主総会の招集通知も持株会宛てに発送すれば足り，個々の従業員に発送す

る必要はないと解されています。

(2)　設立手順について

以下は，持株会設立の一般的な手順です。

①　持株比率・株式を提供する時期，拠出方法，金額，種類株式の内容
　　等に関する基本方針を立案・決定する。

②　事務管理の方法を決定し（自社もしくは外部委託），事務局（担当
　　者）を設置する。

③　理事長候補となる発起人を決定する。

④　主要株主，労働組合等に事前の理解を得る。

⑤　規約・募集説明書等の必要書類の原案を作成する。

⑥　発起人会で規約を定め，役員候補者を選任する。

⑦　設立総会を開催し，役員を選任する。

⑧　理事会を開催し，理事長を選定する。

⑨　設立の経緯，規約を説明し，取締役会や株主総会の承認を得る。

⑩　会社，労働組合，事務委託会社等と契約を締結する。

⑪　説明会を開催し，広報活動を行う。

⑫　オーナーからの株式の供給または第三者割当増資を行う。

⑬　会員名簿を完成させ，給料天引の準備をする。

　持株会では，買付残預金の管理，自社株の買付け，株券の保管，株式の配分計算，配当金の受領と配分計算，預金利息の配分計算，各会員への持株等の残高通知を行います。退職者が出た場合にその持分を持株会で買い戻し，その代金と買付残預金の精算金を一括して支払います。

　なお，持株会規約において，会員資格を勤続10年以上等として限定することで，会社が持株会の規模や対象となる従業員をコントロールできます。

(3) 上場における安定株主としての公益法人と持株会

　中堅・中小企業が上場する場合，経営権を維持しながら，資金調達や創業者利潤を確保する必要があります。さらに，上場基準として，発行する株式数や株主等の要件があり，株式の流動性を確保する必要があります。資金調達とオーナー・オーナー家の株式数はトレードオフの関係にあり，資金調達だけを追求すると，オーナー・オーナー家の株式数が減少し，経営権を維持できない可能性があります。

《資金調達と経営権のコントロールの関係》

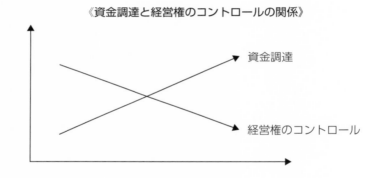

　これらを計画的に検討することを「資本政策」と言います。資本政策においては，後継者だけでなく，公益法人や持株会といった安定株主を利用した経営権のコントロールを検討する必要があります。
　また，先代経営者に相続が発生した時の相続対策（納税資金対策，争族対策，節税対策）を検討する必要があります。「資本政策」も「承継計画」も，会社と個人の法律・税務・会計のルールを熟知した上で，会社の経営理念や経営環境を理解し，あらゆるケースを想定した検討が必要です。

6. 種類株

　会社法が2006年に施行され，種類株発行による資産承継の選択肢および自治の拡大が実現しました。種類株とは，定款で定める目的を持った株式のことで，普通株と比べて，さまざまな権利が優先されたり制限されている種類の株です。事業後継者が普通株式，非後継者が無議決権株式を相続

《各種類株式の概要》

種類株式	内容
剰余金の配当に関する種類株式	配当優先株などの剰余金の配当について，配当の条件・金額などが普通株式と異なる株式
残余財産分配に関する種類株式	残余財産の分配について，分配価額の決定方法・残余財産の種類などが普通株式と異なる株式
議決権制限株式	株主総会において議決権を行使することができる事項が制限された株式
譲渡制限株式	譲渡によるその種類の株式の取得について，承認機関の承認を要する株式
取得請求権付株式	その種類の株式について，株主が株式会社に対して，その取得を請求することができる株式
取得条項付株式	その種類の株式について，株式会社が一定の事由が生じたことを条件として，これを取得することができる株式
全部取得条項付種類株式	その種類の株式について，株式会社が株主総会の決議によって，その全部を取得することができる株式
拒否権付種類株式	株主総会（取締役会設置会社の場合は，株主総会または取締役会）において決議すべき事項のうち，その決議のほか，その種類の株式の株主を構成員とする種類株主総会の決議があることを必要とする株式（黄金株ともいう）
取締役・監査役選解任権付種類株式	その種類の株式の株主を構成員とする種類株主総会において，取締役または監査役を選解任することができる株式
人的種類株式（みなし種類株式）	公開会社でない株式会社が，剰余金の配当を受ける権利・残余財産の分配を受ける権利・株主総会における議決権について，株主ごとに異なる取扱いをする株式

する方法を採用すれば，議決権の拡散を防止して，後継者の会社支配権の維持が可能となります。種類株式は会社法108条において，9つ定められ，さらに会社法109条において，株主ごとに異なる取扱いをする旨の定めの合計10種類の種類株式があります。

(1) 議決権制限株式の活用

議決権制限株式（会社法108条1項3号）は，株主総会で議決権を行使することができる事項が制限された株式です。議決権を制限する内容については，すべての事項について議決権がない株式とすることも，特定事項のみを制限することも可能です。

事業承継対策に活用する方法としては，次のようなことが考えられます。

① 普通株式に加えて，議決権制限株式を発行して現オーナーが保有します。

② 現オーナーが保有する普通株式を売買，生前贈与または遺言により後継者に取得させます。

③ 後継者以外の相続人には議決権制限株式を生前贈与または遺言で取得させます。

④ ②を贈与・遺言で行う場合には，遺留分を考慮して②③で取得させる株式数を決定します。

議決権制限株式は，すべての事項につき議決権がない完全無議決権株式とすることが考えられますが，会社の状況に応じて，剰余金配当については議決権を有するというように制限する事項を工夫するといいでしょう。

また，当該完全無議決権種類株主に損害を及ぼすおそれがある場合でも当該種類株主総会の決議を要しない旨を定款で定めることも可能です（会社法322条1項，2項）。

注意しなければならないのは，後継者以外の相続人からは，議決権もな

い，剰余金配当金もないといった不満が生じる可能性が高いということです。この不満を軽減させるためには，剰余金配当を優先する，会社または後継者が将来に株式を買い取るといった計画を示す工夫が必要です。

議決権制限株式（会社法108条1項3号）
株主総会での議決権が制限された株式。議決権制限の内容については，完全無議決権株式とすることも，特定の事項のみの議決権制限とすることも可能。

議決権制限株式の利用例

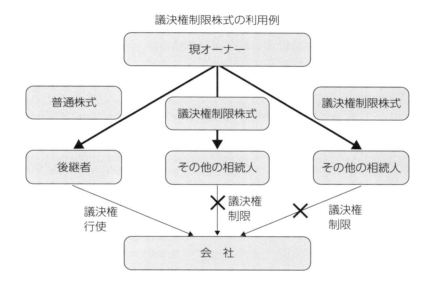

(2) 拒否権付種類株式（黄金株）の活用

拒否権付種類株式（会社法108条1項8号）は，特定の事項について，普通株主総会の決議のほかに，当該種類株式の種類株主総会の承認決議が必要となる株式を言います。国連の常任理事国のように，いわば当該種類株主が拒否権を発動できる状態となるため，「黄金株」とも呼ばれます。

事業承継における活用方法としては，まず，後継者に経営を承継させる過程で利用することが考えられます。

① 重要事項について拒否権を有する黄金株を1株発行して，現オーナーが取得します。

② 普通株式を後継者に売買・生前贈与によって取得させて，経営権を与えます。

このことにより，日常の経営権は後継者に承継させつつも，重要事項については旧オーナーが拒否権を留保することによって睨みをきかせることが可能となります。

また，後継者に過半数の議決権を承継させられない時に，重要事項についての拒否権を有する黄金株を後継者に与えるという利用の方法も考えられます。

ただし，拒否権は強力な権利となりますので，旧オーナーと後継者の経営理念が一致していない時などには経営の機動性が損なわれたり，かえって後継者の意欲を害してしまうおそれもあります。また，普通株主総会の可決と黄金株の株主総会の否決が，何度も繰り返される「デッドロック」状態が生じる可能性もあります。

さらには，黄金株が敵対しうる経営陣に移転してしまって経営に支障を来すおそれもありますので，十分に注意しなければなりません。

拒否権付種類株式（黄金株）（会社法108条1項8号）
特定の事項について，株主総会の決議のほかにその種類株式を保有する株主の承認決議が必要となる株式 　→ 拒否権を有する状態となる 　→ 黄金株とも言う

> 後継者に経営権は承継させるが，旧オーナーが黄金株をもって睨みをきかせる

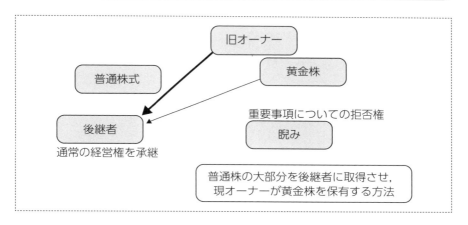

(3)　株主ごとの異なる取扱いの活用（会社法109条2項）

　株式譲渡制限会社においては，株主に着目し，定款の定めをもって，議決権，配当，残余財産の分配について株主ごとに異なる取扱いができるようになりました。

　ただし，株主ごとに異なる取扱いに関する定款の定めを行うためには，株主総会の特殊決議が必要です。この特殊決議はかなりハードルが高く，総株主の半数以上で，総株主の議決権の4分の3以上の多数による賛成が必要となります（会社法466条，309条4項）。

　このため活用できるケースは限定されますが，特殊決議によって定款が変更できる場合であれば，議決権制限株式と同様の活用が可能となります。

たとえば，

①　株主総会の特殊決議で，取締役である株主については議決権を有するものとし，そうでない株主は議決権を行使できない旨の定款の改正をします。

②　後継者に株式を取得させた上で取締役に就任させます。

このような方法により後継者以外の株主の議決権を制限することが，考えられます。

ただ，この制度は新しい制度で，どこまでなら異なる取扱いをしてよいのかの裁判例もありません。極端な差異を設けると，あとで無効と判断される危険もありますので，注意が必要となります。

議決権・配当等についての株主ごとの異なる取扱い（会社法109条2項）
株式譲渡制限会社において，株式ではなく株主に着目し，定款の定めをもって，議決権や配当について株主ごとに異なる取扱いが可能。

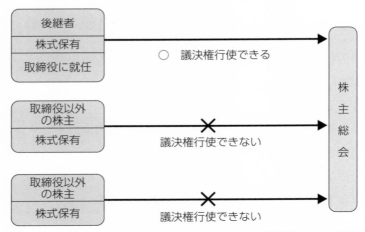

注：極端な差異は無効になるおそれあり。

⑷　相続人等に対する売渡請求の活用（会社法174条）

株式の譲渡承認が必要となっている会社でも，相続や合併によって相続人や合併会社に承継される場合には承認が不要とされています。

そのため，ある株主が死亡した時に，たとえその相続人の中に会社にとって好ましくない人物がいたとしても，相続でその人物に株式が移転する以上，会社は拒否することができませんでした。

しかし，会社法により，譲渡制限株式については，このような相続や合併で承継された株式に対しても，会社が売渡請求を行うことが可能となりました。そこで，次のようなことにより，株式の分散を防止できるようになりました。

① 相続や合併といった一般承継によって取得された株式について，会社が売渡請求できる旨を定款で定めます。

② 会社にとって好ましくない者が相続や合併によって取得した株式に対して売渡請求を行います。

ただし，剰余金分配可能額を超える買取りはできません。そのため，相続が発生した時点の会社の決算状況によっては，売渡請求が行えない場合があります（会社法461条1項5号，465条1項7号）。

また，売渡請求は相続等があったことを知った日から1年以内に行わなければなりません。そして，会社の買取価格について協議が整わない時は，裁判所に売買価格決定の申立てをする必要がありますが，売渡請求の日から20日以内に行わなければなりません（会社法177条1項，2項）。

さらには，現オーナーに相続が発生した場合の後継者への株式の相続についても，会社から売渡請求が行われる可能性がありますので，制度導入の際には慎重な検討が必要です。

相続人等に対する売渡請求（会社法174条）
定款に定めを置くことにより，相続や合併といった一般承継によって取得された譲渡制限株式に対して，会社が売渡請求を行うことができる。

```
┌─────────────────────────┐
│   相続人等に対して売渡請求できる   │
│     旨を追加する定款変更      │
└─────────────────────────┘
            │ 売渡請求
            ▼
┌─────────────────────────┐
│   経営者以外の相続人の株式相続    │
└─────────────────────────┘
        株式の分散防止
```

※注意
- 現オーナーに相続が発生した場合，その株式も対象となり，議決権を行使できません。
- 剰余金分配可能額を超える買取りは不可（相続発生時の決算状況に左右される）
- 期限に注意　　売渡請求：相続等を知った日から１年以内
　　　　　　　　裁判所への売買価格決定の申立て：売渡請求の日から20日以内

7．信託の活用

(1)　信託の定義

　もめない分割対策の基本と言えば遺言でありましたが，遺言書があるだけでは，遺言の内容・遺言の効力等で争いが発生する場合があります。

　遺言を補完するものとして，家族信託が最近話題を集めています。今後の高齢化時代とともに，認知症対策にも重要な役割を果たします。今後のオーナー経営者の相続対策には，家族信託のさまざまな機能を理解することが有効です。

　信託とは，財産の所有者が信頼できる第三者に財産を託し，託された者はその財産を管理・運用して，その結果発生した利益を財産の所有者が指定する者に与えるというものです。この場合の財産の所有者を「委託者」，

託された者を「受託者」，利益を受け取る者を「受益者」と呼びます（図参照）。

　以前は，信託と言えば信託銀行や信託会社が営利を目的として不特定多数の人から反復継続して受託者となる，いわゆる「商事信託」が主流でしたが，信託法の改正により，最近では特定の相手に対し1回だけ受託者となる「民事信託」が相続をはじめとしてさまざまな場面で活用されてきています。その民事信託の中でも，受託者を家族に指名するものを「家族信託」と言い民事信託の中でも主流になってきています。

　信託は契約によって内容を決定（契約以外の方法もありますが，主流は契約です）するため，信託を活用しようとする者の状況に合わせて柔軟な対応が可能であり，遺言ではできないような財産の残し方が可能になりま

《信託の基本的な仕組み》

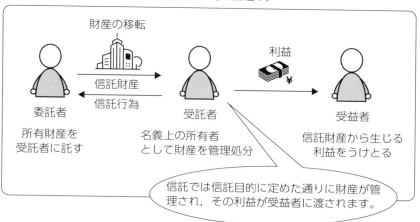

商事信託	家族信託（民事信託）
不特定多数から反復継続して受託	特定の1人から1回だけ信託を受託
信託法と信託業法	信託法

（出典：長谷川佐喜男・西川良典『地域金融機関と会計人の連携』（きんざい，2016年）269頁）

す。

　また，相続以外でも，事業承継目的や認知症対策等の福祉目的など，幅広い活用ができるようになっていますので，さまざまなケースでの活用が期待されていますが，専門的な知識が要るため，経験のある専門家の助言が必要となるでしょう。

(2)　議決権行使指図型信託の活用（信託による事業承継の標準的な仕組み）

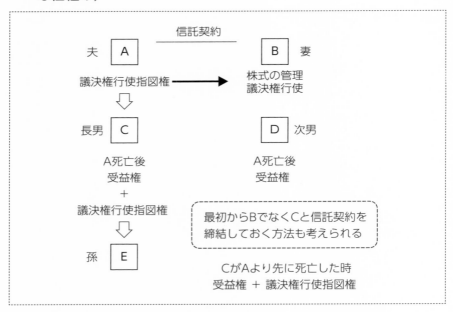

　信託の対象となる財産（信託財産）はＡが保有している株式です。この株式の管理は受託者であるＢに委ねられます。この場合，株式の議決権もＢが行使することになりますが，ここで，信託契約で，「議決権行使の指図権」をＡに設定しておくことによって，Ｂが自由に議決権を行使して会社の経営を動かせるわけではなく，あくまでもＡの指図にしたがってしか

議決権を行使できないことになり，実質的にはAの経営権は維持されています。さらに，「もし今後Aの認知症等が進んで適切な判断ができなくなってきた場合には，Bの判断で株式の議決権行使ができる」という内容を盛り込んでおくことで，Aの認知症が急速に進んだような場合にも対応できます。このようにしても，Bは，信託法上，受託者として善良な管理者の注意をもって信託財産である株式を管理する義務（善管注意義務）があり，会社のことを自由にあやつれないのでAやCにとっては安心です。

　また，株式の受益権はAが存命中にはAに持たせておき（自益信託），Aが死亡した時にCおよびDに移転することとします。株式の受益権は最初から子にする方法もありますが，その場合，実質的に信託を設定した時に子が株式を取得したとみなされ，C，Dに贈与税が課税されます。死亡時に受益権が移転する形であれば，みなし遺贈として相続税の課税対象となります。逆に，会社の株価が下がっているタイミングで子を受益者とする信託を設定することで贈与税を低く抑えることも考えられます。

　ここで，議決権行使の指図権はCのみに持たせ，受益権はCとDに平等にまたは，遺留分の問題が生じないように移転させることにしておくことがポイントです。これによって，株式の財産的価値としてはCもDも相続したことになり，相続人間の不公平という問題がなくなり，遺留分減殺請求によって株式が分散する危険がなくなります。他方では，Dは，財産としての株式は持っているものの，議決権行使の指図権はCだけが持っている（その指図に基づいてBが行使する）ので，基本的にDは会社の経営には口出しができません。

　以上のように，信託を使ってCに会社（事業）を承継させたいというAの希望をかなえることができます。また，たとえばBを介さないこともできますし，逆に受益権をCに設定しておき，Aが委託者と受託者を兼ねれば「実質的には生前贈与を済ませているが，株式の議決権行使＝経営は引

退までＡが続ける」という仕組みにすることもできます。

　もし，事故や急病などでＣがＡより先に亡くなってしまった場合に備え
て，「次の後継者」だけでなく「次の次の後継者」も決めておくのが「後
継ぎ遺贈型受益者連続信託」です。

　仕組みとしては，信託契約の中に，「ＣがＡより先に死亡した時は，Ａ
が死亡した場合にＣが取得するはずだった受益権はＣの子（Ａの孫）であ
るＥが取得する」という規定を加えることになります。

(3)　遺言の（補完）機能

　信託は，受託者および受益者を指定するため，生前に自分の死亡後の受
益者を指定することもできます。

　長男に引き継がせたい財産を信託財産とする契約を結び，自分の死亡後
は長男を受益者とすることを明記すれば，相続が発生した場合には，信託
した財産から発生する収益は話し合いを経ずして長男が受け取ることがで
きます。これは遺言書がなくとも特定の人を指定して受益権を移すことが
できるため，遺言と同様の機能を果たしていることから「遺言代用信託」
と呼びます。

　しかも，信託は遺言より優れている点もあります。遺言は財産の承継者
を決めることができますが，承継者が死亡した後の次の承継者まで決める
ことは，法律的に効力はありません。

　信託では，最初は配偶者を受益者に，配偶者が死亡した場合は長男に，
長男が死亡した場合は長男の子どもにと，受益者を何代にもわたって指定
することができます。つまり，財産を自分の希望どおり何世代にも継承さ
せていくことができます。これを「受益者連続型信託」と言います。

　この受益者連続型信託を使えば，子どもがいない夫婦なら，最初の受益
書は配偶者，次の受益者は自分の兄弟姉妹とすれば，配偶者が死亡した後，

配偶者の兄弟に財産が移っていくことを防止し，自身の家系で財産を承継することが可能です。

　ただし，この受益者連続型信託は永久に続くわけでなく，信託設定後30年経過した時点での受益者が，指定した次の受益者が最終の受益者となります。

	遺言	信託契約
書面作成者	遺言者	委託者と受託者
効力の発生	死亡時	契約締結時
内容の変更	遺言者はいつでも可能	原則委託者・受託者・受益者の合意（例外あり）
異なる遺産分割	可能（同意必要）	信託契約の変更
次の相続までの指定	不可	可

(4)　共有のトラブル回避

　信託の大きな特徴に，管理する権利義務と収益を受ける権利が分離できるというものがあります。たとえば不動産を信託すると，管理する権利義務とは修繕する義務や売却する権利を言い，収益を受ける権利とは不動産から発生する収益を受ける権利を言います。民法上の所有権ではこのように分離することはできませんが，信託することによって分離が可能となります。不動産のように分割がむずかしく，相続トラブルになるような財産では信託のこの機能に着目することによってスムーズな分割が可能となります。

　たとえば，不動産の代表的なトラブルと言えば共有による維持管理がありますが，共有名義人が委託者兼受益者となり，信頼できる者を受託者に委託することによってトラブル回避につながります。具体的には，共有物権は管理処分については共有者全員の合意が必要ですが，物件を信託した場合は受託者の一存で管理処分が可能であり，いちいち共有者金員で話し

合いをし，合意を得る必要がなくなるため，管理処分等の手続きがスムーズに進みます。

さらに，この収益を受ける権利は分割が可能であるため，被相続人に収益不動産が一つしかない場合などは，その収益不動産を信託財産とする信託契約をし，受益者に相続人を指定し，あわせて受益権の割合を指定しておくと，家賃などの収益はその割合に応じて分配が可能となり，収益面では結果として共有と同じ効果が得られるため，相続人がもめることも少なくなります。被相続人が平等に相続させたいとの思いから，遺言などによって安易に共有させれば相続争いに発展する可能性がありますが，不動産を信託することによってそのようなトラブルを回避できます。

(5) 認知症対策

信託では，信託設定後の委託者の事情に左右されず継続的に財産を管理することができます。つまり，信託契約上の信託目的に管理や運用の方法を明確にしておけば，その後，委託者が認知症などにより判断能力を喪失したとしても，問題なく財産が管理されていきます。

従来は，認知症等により判断能力を喪失した人の財産管理には「成年後見制度」が広く活用されてきました。裁判所で選任された家族等が成年後見人になり，成年被後見人の財産を管理していく非常にいい方法ではあるのですが，成年被後見人の財産を保護していくことに主眼が置かれているため，運用や処分に関しては非常にハードルが高く，財産の積極的な活用が制限されているのが実情です。また，近年では財産管理の安全性の観点から，裁判所が成年後見人を家族より専門家を選任する方向になってきています。

信託では，判断能力のある時から信頼できる人に財産管理を託すため，認知症等になっても成年後見制度を利用することなく，財産管理が可能で

す。当初に家族を受託者にする家族信託を活用すれば，途中で受託者の変更がない限り，家族が財産管理をしていくことになります。しかし，判断能力を喪失してからは信託契約することが不可能になり，成年後見制度を利用するしかなくなるため，早期に将来を考えた取組みが必要です。

⑹　福祉のための信託

信託契約を結ぶと，受託者は委託者の信託目的に従って，信託された財産を管理しなければなりません。つまり，受託者は決められた信託目的以外の法律行為はできません。

相続では，相続時に財産が一度に相続人に渡りますが，信託では，信託目的に「分割して渡すこと」と指定すれば，受託者はその信託目的に従って，受益者に対し分割して財産を渡していくことになります。

受益者が高齢により認知症をわずらっている場合や，障害のある子どもの場合など，自分の死後一定額を分割して受益者に渡す信託契約を結んでおけば，残された家族の生活が安定することになります。

また，ハンディキャップのある人には，多額の財産を渡すのでなく，分割して渡すことにより犯罪被害にあいにくくなりますし，さらに，その受益者が死亡した場合には，次の財産を渡す受益者も指定できます。

福祉型信託の方法を利用すれば，子どもや孫が未成年の間は財産を渡さず，成人した後に財産を分割して渡すなど，細かい条件を定めて財産の受渡方法を決めることができます。

福祉型信託以外にも，子どもの将来のことを考えた財産分配にも信託は有効です。生前贈与や遺言で子どもや孫に財産を渡したいが，「財産を浪費するのでは？」など考えることはよくあることだと思います。しかし，通常の相続や贈与では，自身が渡した後の財産の使途まで決めることはできません。

　このように，信託はさまざまな家庭や個人の事情にあった財産の分配や承継が可能な制度です。

8．公益法人の活用

　事業承継においては公益法人等の安定株主が必要になる場合があること，そしてオーナー，オーナー家，企業に一定の社会貢献ニーズがあるのであれば，公益法人利用の検討が望まれます。

　オーナー企業のオーナーによる社会貢献の方法は事業や雇用，納税のみならず，公益法人を使って，より具体的に公益目的事業を自らデザインして実施することも可能です。

　そして自らデザインした公益法人に自社株式等を移転させることで，公益法人を使って社会貢献と事業承継の両方の目的の達成を目指すことができます。オーナーの生い立ちや思想，趣味までデザインのきっかけは多種多様であり自由です。

　さらに，間接的な成果ではありますが，会社の知名度アップや本業への貢献もデザイン次第で可能性が広がります。社会貢献目的であれば，少数株主の株式移転に対する納得感が得やすい場合があります。

(1)　みなし譲渡所得税を非課税にする

　先代経営者や少数株主が公益法人に個人所有財産を寄附した時に，対価0円の寄附であるにもかかわらず，先代経営者や少数株主に譲渡所得税の負担が発生し，驚かれるケースがあります。

【原則】

　個人が土地，建物などの資産を法人に寄附した場合には，これらの資産は寄附時の時価で譲渡があったものとみなされ，これらの資産の取得時か

ら寄附時までの値上がり益に対して所得税が課税されます。

【租税特別措置法第40条を利用】

　ただし，これらの資産を公益法人に寄附した場合において，その寄附が教育または科学の振興，文化の向上，社会福祉への貢献，その地公益の増進に著しく寄与することなど一定の要件を満たすものとして国税庁長官の承認（以下単に「承認」といいます）を受けた時は，この所得税について非課税とする制度が設けられています。

《みなし譲渡所得税を非課税にする》

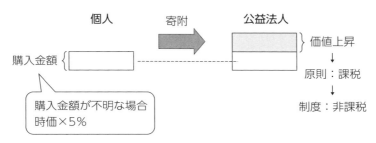

　承認を受けるための要件は，以下の〈要件1〉〜〈要件3〉です。

〈要件1〉公益増進要件

　寄附が教育または科学の振興，文化の向上，社会福祉への貢献，その他，公益の増進に著しく寄与すること。

〈要件2〉事業供用要件

　寄附財産が，その寄附日から2年以内に寄附を受けた法人の公益を目的とする事業の用に直接供されること。

〈要件３〉不当減少要件

　寄附により寄附した人の所得税の負担を不当に減少させ，または寄附した人の親族その他これらの人と特別の関係がある人の相続税や贈与税の負担を不当に減少させる結果とならないこと。

①　公益法人に譲渡所得税を非課税で移転できる上限

　発行済株式の２分の１を超えての株式の寄附は，〈要件３〉相続税等の負担が不当に減少するものとしてみなし譲渡所得に対する課税が行われる可能性があるので，留意が必要です。

　寄附する株式の上限は，発行済株式の２分の１として，スキーム全体を検討する必要があります。

②　平成30年度税制改正で短縮された株式の承認期限

　平成30年度税制改正により，通常，２〜３年かかると言われているみなし譲渡所得税の特例の承認手続きが，株式についても３ヵ月に短縮されました。

　具体的には，申請書の提出があった日から３ヵ月以内に国税庁長官の承認をしないことについて決定がなかった場合には，その承認があったとみなされることになります。これを「承認に係る特例」と言います。

　平成30年度税制改正の前の，平成29年度税制改正において，株式以外は上記の「承認に係る特例」が認められていたのですが（この場合の承認期間は１ヵ月），株式はその対象から外されておりました。

　ただし，その法人の役員等の一定の者からの寄附については，特例の対象外です。また，一定の要件（区分経理等）を満たした基金に組み入れる方法により管理されることについて，行政庁に確認されること等が前提になっています。

(2)　相続時に移転して相続財産から除外

　相続人等が相続等により取得した財産を相続税の申告期限までに，国，地方公共団体，特定の公益法人に寄附した場合において，その寄附によりその相続人等およびその親族等の相続税または贈与税の負担が不当に減少する結果となると認められる場合を除き，その寄附した財産については相続税を非課税とすることができます。この非課税となる特例が規定されているのが租税特別措置法70条であるため措置法70条特例とも呼ばれます。

　特定の公益法人に寄附する場合には，2つ注意点があります。1点目は，その寄附が特定の公益法人の設立のための寄附でないことです。設立のための寄附の場合には相続税は非課税とはなりません。2点目は，特定の公

《措置法40条と70条》

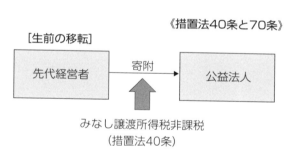

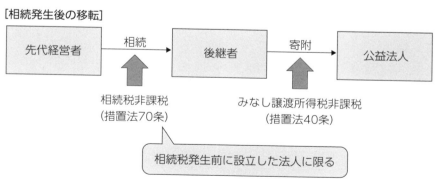

益法人が寄附を受けてから2年を経過した日までに，①特定の公益法人に該当しないこととなった場合や，②寄附財産を2年経過日までに公益目的事業の用に供していない場合には相続税は非課税とはなりません。

相続税申告書に措置法70条特例の適用を受ける旨を記載し，次の書類を申告書に添付する必要があります。

【国，地方公共団体，特定の公益法人が発行した下記情報が記載されている書類】

- 寄附を受けた旨
- 寄附を受けた年月日
- 寄附財産の明細
- 寄附財産の使用目的

《相続税申告書に添付する証明書（例）》

証 明 書

住所　○○県○○市○○町　○○

氏名　○○○　　○○○　様

このたび，貴殿から○○○○に対してなされた相続財産の寄附に関する下記記載の事項は，事実に相違ないことを証明します。

記

1．寄附受領日　　　　令和○○年○○月○○日
2．寄附財産の明細　　○○○株式○○○株
3．寄附財産の使用目的　○○○○

令和○○年○○月○○日

公益財団法人○○○　理事長　○○　○○　㊞

　なお，個人所有時点で含み益がある資産を公益法人に相続で移転する場合には，みなし譲渡所得税が発生する可能性があるので，留意が必要です。

(3)　安全装置としての公益法人

　公益法人を相続発生前に設立しておけば，自社株式を相続財産から除外するための受け皿になります。以下のような場合には，安全装置としての公益法人の設立を検討してはいかがでしょうか？

- 納税猶予制度を利用できない少数株主がいる場合
- 納税猶予制度の利用に不安がある場合
- 令和7年までに株式を移転できない可能性がある場合（たとえば，後継者が若い，相続人間でもめている）
- 資産管理会社に該当する，または今後該当する可能性がある場合
- 将来，上場やM＆A，増資等で，納税猶予の取消しリスクがある場合
- 自己株式取得等との組み合わせで，対価をコントロールする場合

　さらに，一定の事業規模があれば，みなし譲渡所得税も非課税にできます。

第5章　経営の承継

1．承継の心得

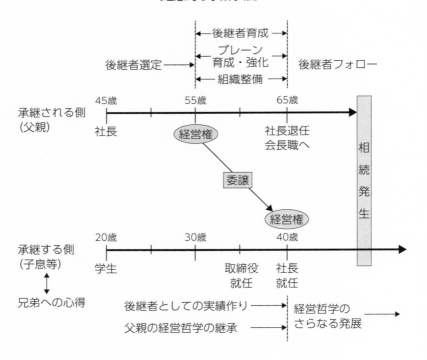

《理想的な事業承継》

(1)　理想的な事業承継

「経営はゴールのない駅伝のようなもの」とたとえられるように，事業

承継は企業が続く限り永遠に続く問題であり，後継者問題は企業の死命を直接左右するだけに，入念な準備と検討が必要です。事業承継は，「経営者自身の人生の集大成であり，かつ最後の総仕上げとも言えます。

　経営者（トップ）は"生涯現役"を目指すものであり，トップには引退はなく，後継者のメンターとなります。中堅・中小企業の最大のリスクは「トップの突然死」であり，事業承継は早ければ早いほどよいと言えます。

　経営のバトンタッチのあり方は，企業の置かれた条件によって千差万別ですが，大切なことは「自分がどのように事業承継したいと考えるか」をはっきりさせることです。

　後継者は一部門の責任者としてではなく，経営全般にわたる幅広い関心と視野を持つことが重要であり，これからの世の中の流れを正しく読み取り，経営の方向づけに対して誤りのない意思決定と目標設定が求められます。

(2)　後継者の選定

　中小企業が後継者を決めようとする時，多くの場合は社長の子供（長男）ということになりやすいです。その理由は規模が小さい時は優秀な人材が集まってくるはずもないからです。ある程度の規模にならなければ自然と集まってくるはずもないです。

　中小企業の状況を考慮すると，息子が後継者になることが一番手っとり早い方法だと考えられます。さらに息子であれば，社長は成長期に後継者としての適性を見極めることができ，また後継者として時間をかけて色々な経験を積ませ，社長としての帝王学を学ばせ，教育することも可能です。

　経営者として，以下の3つの能力が必要だと思われます。

①　まずは，経営能力。経済一般の常識程度はもちろんのこと，業界にも精通し，自社においても経営全般，業務執行力，専門知識その他の

　　能力。

②　　2番目としては，統制能力。従業員の心を動かし，行動へと駆り立
　　てる能力。

③　　3番目は道徳的能力。道徳とは，法律・規則だけでなく，人の行動
　　に影響を及ぼす価値観や信条のすべてを含むもの。

　さらに経営哲学の継承が不可欠で，息子であれば幼い頃から親の思想に
常に触れていますから，その意味では最適です。

　最後に，後継社長という意味では，何かのスペシャリストになる必要は
ありません。ある分野に特別な才能を持っていて，その分野を自分一人で
やろうとする傾向がありますが，実務的には有能な人材をその能力の発揮
できる場所で使っていく能力があればよいのです。後継者に求められるの
は人間的な魅力につきます。

　特に中小企業の場合，息子や身内が後継者になることが多いですが，同
族の強みは，運命共同体として，志を同じくする者同士が集まって，同じ
目標に向かって，ともに協力していくことができる点です。しかし，その
半面，身内だからといって甘えが出て，互いの依頼心が強くなりすぎると，
経営上で公正さが崩れますので注意を要します。

(3)　後継者の育成

　後継者の育成とは1人に引き継ぐことではなく，経営チームをつくるこ
とと言われます。なぜなら，後継者1人だけに経営を任せるのであれば後
継者は自分の関心のあることには興味を示し，そうでない場合，会社は間
違った方向にいくかもしれないからです。できれば，後継者1人のワンマ
ン経営でなく，経営チームをつくり，話し合って決定するほうが成功する
可能性が高いです。

　スムーズな承継のためには，自分ばかりでなく承継する側も承継を希望

してくれなくてはなりません。上から強引に，あるいは当然のごとく，また，援けてやるぞということでは良い後継者が生まれるはずはありません。

①　上手な誘導の仕方

自分で後継者の道へたどり着くように誘導することが大切です。最大限の努力をして対話の時間を持つべきです。

その対話の間に会社のこと，経営のこと，自分の希望，夢，を少しずつ子供にもわかるように話しておくことが必要です。そんな中で成長してきた子供はほとんどが父の夢を引き継ぎたいと思うのではないでしょうか。

②　後継者卒業後の選択

就職することになった時，最初から自分の会社に入れる，あるいは他の会社に預ける等，その人によって選択の道は違ってきますが，言えることは下積みからさまざまな経験をさせるべきだということです。

その中から将来の経営に役立つ力をつけさせる。営業，製造，仕入れと，さまざまな部門の現場を直接知ることは大変役に立ちます。

③　就職後の問題点

経験，実力もないのに同期の社員と比べ早すぎる出世，昇給等は，将来従業員の中に大きな不満を残します。十分に下積みの経験をさせ，成長してきた暁には，後継者として小さな部門のトップから経験をさせ，実績を積ませることがよいでしょう。

④　会社の内外への布石を打つ

他社での修行の後，本格的に自社に迎え，銀行との対応，営業力・経営力・判断力の養成等々，直接手元に置いて経営の本筋，自分の目指す経営

の基本概念を教え，最高のタイミングで後を託すべきです。

(4) ブレーンの育成・強化

　初代というのはゼロから会社を興した人ですから，ワンマン経営者が多く，創業者についていく周りの従業員が自然にブレーン（補佐役）化していくのですが，二代目はそのブレーンとの関係が重要になってきます。先代からのブレーンの中には，二代目社長から見れば父親（先代社長）くらいの年齢の人もいますので，後継者が創業精神を引き継ぐのと同時に，その創業者に尽くしてきた周りのブレーンの処遇にも配慮しなければなりません。後継者を選定し，後継者を育成するのと同じ時期からブレーンについても，引き継ぎ方や養成方法に心配りをする必要があるのです。

① ブレーン選定のポイント

A　ブレーン選定で最も留意すべき点は，その人柄です。単なるイエスマンでなく，時には，自らの保身を顧みず，社長に直言するような，愛社精神旺盛なタイプが補佐役には望まれます。

B　息子に後を譲ろうとするなら，息子に後継者教育を施すのと並行して，将来の番頭候補も育てていく必要があります。「目立たず」どちらかと言えば「損をする役回りの多い」本来の補佐役に適する人材を選ぶべきです。

C　「なぜ息子を後継者に選んだか」その説明があると役員，幹部の後継社長への協力を得やすいでしょう。

D　社内で人材が育つまでは，外部から有能な人材を迎え入れることを考えなければなりません。人材の流動化は，今後ますます活発化しますので，積極的な求人活動をして，優秀な人材の発掘，獲得に力を入れるべきです。

E　公認会計士・税理士・弁護士などの専門家を積極的に活用しましょう。

②　古参幹部の処遇

ラインの長ではなく，独立して行える仕事，専門家として大きな貢献ができる仕事・助言・教育・紛争の解決などの仕事に移るべきで，マネジメントの仕事を行わせるべきではないです。

(5)　組織整備

①　将来を見据えた組織の展望

中堅・中小企業の場合には，社長がワンマンで，組織が脆弱であったり，あるいは組織があっても，うまく機能していなかったりで，二代目社長が経営を引き継ぐにあたって，組織を一からつくり直さなければならなかったり，逆に既存の組織体制が足かせとなり，新社長の迅速な決断・意思決定をさまたげることがあります。

次世代へ後継の時には，先代社長がやるべきことは，自社の組織体制が不安定なまま，活性化していない状況を放置せず，社長在任中に，直ちに組織の改善・改革に取り組むことです。問題を先送りして，後継者に組織改革を任せることは，後継社長の負担を増やすばかりで，事業意欲のある若い後継者でも問題解決は容易ではありません。

②　組織整備のポイント
A　後継者の特徴・特性を考える

先代社長としては，後を託す経営陣には，新社長の決断・意思決定を補足する知恵やアイデアを供給できる人材を選んで，会議制の経営委員会（役員会・幹部会等）を設置しておくことが望ましいでしょう。

新社長には期待を感じさせ，新社長からは古参幹部のほうに自然に溶け込めるような場の雰囲気をつくり出す調整役（メンター）が社長の役割です。

B 「二頭政治」はさける

新社長の後継者としての実績づくりのためにも，社内における「二頭政治」はさけるべきです。幹部職員はもとより，従業員は社内の指揮，命令系統が一本化されないと自分の行っている仕事に不安を抱き上司にも不信感を持つようになります。

(6) 後継者フォロー

① 古参幹部に対する心配り

新社長のパワーが弱く，古参幹部のパワーの強い状態で先代社長が他界した場合には新社長が古参幹部に追い出されてしまうケースがあります。これを防ぐには，新社長の新体制となった場合，社内体制の若返りも当然必要ですが，ゆっくりある程度時間をかけて社内合意を見極めてから進めるべきです。

② 金融機関に対する心配り

新社長が，定期的あるいは必要の都度，金融機関へ赴いて経営状態の説明を行う場合，必ず先代社長も同行すること。そこでは新社長もしくは経理部長が説明したことに対して発言を控え，聞き役に廻り，新社長または新スタッフは財務に明るいメンバーであることを印象づけるのです。金融機関の側でも，新社長に権限委譲できた状態で，先代社長が同行した経営方針だと安心します。

③　得意先・仕入先等に対する心配り

団体の冠婚葬祭には新社長とともに必ず出席し，同業者や仕入先との付き合いを大切にすることです。

先代社長も出席したことで，同業者や仕入先は，当社の経営の健全性や経営体制の万全性を肌に感ずるはずです。そして業界などで事業承継が行われたことを認知され，その上で先代社長としての行動をとることです。

④　万が一のための保険を準備しておくこと

得意先の思わぬ倒産，仕入先の事故による商品納入の遅延，火災による工場の延焼，自然災害による大損害，経営者の突然死，その他諸々の損害に対する保険をかけなければなりません。

２．後継者の果たす役割

(1)　会社を潰さないこと

① 　会社が潰れる（倒産）の３つのパターン
　　　〜自主廃業とは決定的に違う

A　裁判所に資産整理（更生，民事再生，破産，特別清算）の申立てが行われる。

　　裁判所の関与と監督のもとで，会社の整理が行われるものです。

B　弁護士等によって債権者に対して私的整理（内整理）の通知が行われる。

　　債務の整理を法的な手続きによらないで，債務者（倒産した企業）と債権者（請求義務のある企業）との話し合いで行うもので，法的拘束力はなく，関係者間の「合意」が必要ですが，法的措置よりも時間も費用も節約できるため行われます。

　C　6ヵ月間に2回，手形・小切手の不渡りを出し，銀行取引停止処分
　　を受ける。

　手形や小切手を振り出した企業が，6ヵ月間に2回不渡りを出す（決済
できない）と，手形交換所では「銀行取引停止」という処分を機械的に出
し，信用調査会社が「倒産」として発表するものです。

②　利益を生み出す顧客の獲得

　売上は顧客の支持で決まり，いくら良いものをつくっても顧客が買って
くれなければ売上はあがりません。利益は顧客が値打ちあるものと認めて
くれなければ計上されません。

　そのためにも販売価格が高い割に原価が安く，つまり粗利益率の高い商
品，儲かる商品，少々高くても買いたい商品（価格満足度の高い商品）を
扱わなければなりません。

　ドラッカーは，「事業の目的は，顧客の創造である」（現代の経営）と
言っていますが，ニッチ市場（スキマ市場）向けの商品を開発し，そこで
顧客を創造し，その市場で圧倒的なシェアを獲得することです。ニッチ市
場とは，市場が小さく，大企業が手を出さないような市場を言います。

　さらに，重要なことは，営業マン一人ひとりに「粗利益」の目標がある
ということです。

③　赤字への対応

　赤字が続けば，ⓐキャッシュが不足すること，ⓑ信用の問題がおこるこ
と，ⓒ企業格付けの問題がおこること，という重大な局面が発生します。
キャッシュが不足すると，過去の利益から積み上げてきた現預金を取り崩
し，不動産を売却するか，もしくは，売却価格が簿価より少なければ損失
が発生し，赤字額はさらに大きくなります。銀行から新規に借入れするこ

とも困難になります。

　信用問題については，銀行からは借入れが困難な状況になり，また，取引先からも取引を断られる可能性もあります。企業格付については，債務者区分に影響し，借入条件が不利になる可能性もあります。

④　自社の経常リスクを把握し，万一に備える

　A　売上は特定取引先に集中させず，複数の会社に分散させます。

　　その取引先との関係が，未来永劫，安定的に続くかどうかはわかりません。倒産することも，仕入れ先を変更することも，円高に対応して主力工場を海外に移転することもあります。

　B　後継者は「辞めてほしくない社員が辞めない」ように経営にも心掛ける必要があります。

　　実力のある幹部社員が社長交代を機に，他の社員を引き連れて集団退社することのないように，留意するべきです。この場合，その根底には，後継者の経営に対する不信や不安があるものと思われます。

　C　盗難・火災・地震など，万一に備えて保険に入り，警備保障会社とセキュリティ契約を結んでおくことも大切です。

(2)　社員の力を結集させること（リーダーとしての素養）

①　リーダーとしての求心力が求められ，組織を引っ張っていく

　後継者が引き継ぐ社員の大半は，先代が採用し，育成してきた人たちです。リーダーの条件としては「正当性」「信頼感」が必要とよく言われます。社員から信頼されるには，経営判断が的確で，結果的に正しいものである必要があります。また業績を上げ，良い成績を出すことも重要です。

② 社員から信頼される経営者とは

- 社員の意見を聞く，相談する。
- 経営理念やビジョンを示し，社員の共感を得る。
- 従業員満足度が高まるような施策を行い，社員をやる気にさせる。
- 社員を育てる。

③ 「企業理念」は代々受け継ぎ，「経営理念」は変えられる

「経営理念」は後継者が自ら考え，悩み，社員の意見を聞きながら，苦労して作るべきです。

　ここで「企業理念」というのは，この企業は何を目的とする会社か，存在意義は何かということを示したものであり，経営理念は，経営にあたっての基本的な考え方や，社員の行動規範を示したものです。

④ 時には社員の入れ替えも考える

　後継者の求心力を高めるためには，その障害を取り除くことも，場合により必要です。古参社員の存在は，時には後継者の求心力の妨げになることもあります。「中小企業は，経営者の思いに共感した人たちの集団だ」と言えます。

(3) 経営革新を行うこと
　　　〜先代のできないことをやる，なぜ経営革新が必要か

① 時代とともに市場（顧客）が変わり，技術が進歩する

たとえば，商品の革新は目に見えてわかります。

　　　　レコード→CD→iPod→スマートフォンダウンロード

　　　　石炭自動車→ガソリン車→ハイブリッド車→電気自動車

　　　　携帯電話→スマートフォン

② 中小企業では事業領域が限られる

大企業は，資金・人材等が豊富なので，「多角化戦略」は通常のことです。

中小企業は，人材・資金・立地などの制約から事業領域は限られるのが一般的です。

《事業戦略マトリックス（H.I.アンゾフモデル）》

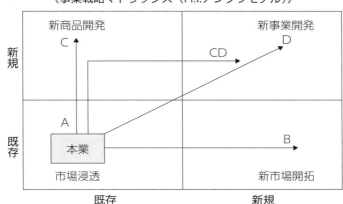

注：事業戦略の種類は，戦略Ａ（市場浸透），戦略Ｂ（新市場開拓），戦略Ｃ（新商品開発），戦略CD（新商品で新市場開拓），戦略Ｄ（新事業開発）の５つです。

(4)　人間力

人間的魅力にあふれ，リーダーシップ（統率力），判断力，創造力，行動力のある人をいいます。

後継者は特に先代が行ってきた事業の選択と集中（スクラップアンドビルド）を実施する場合が必ずきますが，その時にも正確な判断力，創造力，行動力（スピード）が要求されます。

⑸　人付き合い～人脈づくり

　後継者は，健康で，前向き，ネアカで人付き合いがよくなければなりません。

　異業種交流については，地方の経済団体（商工会議所，経済同友会等）および青年部，青年会議所（JC），およびその他経営コンサルタントが主催する○○後継塾，金融機関が主催するJOC（京信ジュニア・オーナークラブ）等，中小企業大学校が主催する後継者経営塾が存在します。そこでは経営の原理原則を学び，同世代の経営者と切磋琢磨して，自己を高める活動をしています。これらに積極的に参加，学んでもらいたいものです。

　ただし，単なる飲み会だけでなく，異業種からの情報もとり入れて自社の経営に生かしてもらいたいものです。

　同業社団体での交流において，自分が属している業界の将来，同じ悩みを持った人間同士の情報交換，将来提携するかもしれない仲間づくりをしてもらいたいです。

　筆者は，経営者たるものは同業種，異業種を問わず，できるだけたくさんの友人・仲間を持つことが非常に大切だと思っています。

⑹　数字に明るい～「会計力」を見るポイント

　簿記の資格にとらわれず，会計の知識，財務諸表を読む力が必要です。筆者が大学で常に教えているのは，決算書を分析する力の必要性です。将来，起業するか企業に就職するかにかかわらず，決算書を読めなければ，取締役としては残れないという現実です。

　新型コロナウイルスによる世界経済の停滞により，アベノミクス以来好調を持続した景気が落ち込むのは明らかです。ここで不況時でも威力を発揮する「会計」について総括します。

① 不況時は会社の生き残りを最優先するべきです。過去の成功体験を忘れ，拡大路線と決別することが必要です。

② 安易な経費削減は効果が限定的であります。特に中小企業では経営の体力がないため，「不況時の経営」を身につける必要があります。

③ 「リストラクチャリング」で最も重要なのは「事業再構築」であり，その要素は「成長戦略」「選択と集中」「財務の健全化」です。

　　また，「生き残り」と「体質改善」が求められるため，未来会計ともいえる「管理会計」と「キャッシュフロー」に関する知識が必要不可欠です。

④ 「リストラクチャリング」にはスピードとビジョンが必要です。

⑤ 成長戦略を描き，経営をデザインするには「会計を知ること」がポイントになります。経営者は意外と自社の決算書を見ていません。

⑥ 不況時には減収増益を目指し，数字を逆算することで粘り強く慎重に経営に携わることが必要です。

⑦ 拡大する時には，同時に小さくなる（縮小する）ことも考えておくことが理想です。

⑧ 利益や現金の目標を定めて逆算する「戦略的な会計思考」が求められます。不況時には，会計数値は「結果論」であってはなりません。

⑨ 一般的な決算書からは赤字の原因はわかりません。決算書は事業部門別に作り変えることにより，どの部門が赤字でどの部門で黒字かがわかります。

⑩ 各事業部門の売上が増えたらどうなるか，減ったらどうなるか，を予測することが経営をデザインする第一歩です。

⑪ 費用は変動費と固定費の2つに分けられます。

⑫ 「限界利益－固定費＝0」となる売上高を損益分岐点売上と言います。損益分岐点売上高は，「売上高＝固定費／限界利益率」で求めら

れます。

⑬　限界利益がプラスだと売上が増加すれば固定費はいつか回収でき利益が出ますが，限界利益がマイナスだと売上がどんなに増加しても赤字が膨らむことになります。

⑭　固定費の上昇（増加）は損益分岐点売上を上昇させることになります。景気が良い時，経営者は固定費を増加させてしまう傾向があります。ビジネスモデルの設計上，固定費をいかに抑えるかがポイントになります。

⑮　損益分岐点比率とは今の売上に対する損益分岐点売上高の割合を言い，現在の経営状態の余裕度を示すものです。

⑯　逆算することで黒字にするための必要な売上高を求めるという考え方が大切です（戦略的会計思考）。

⑰　損益計算書を事業部別に分解し（事業部門別損益計算書），各事業部の損益分岐点を求めましょう。

⑱　赤字の額に目を奪われて「選択と集中」を行うのではなく，限界利益率の高い事業部門に経営資源を集中させることが事業の再構築のポイントです。

⑲　社内の予算や計画は，売上や利益の額ではなく，いくつ売るのか，あるいは何人顧客が来るのかといったより現場視点での設定が望ましい。

⑳　「制約条件1単位当たりでの限界利益」という考え方が重要です。

㉑　固定費の中には過去の意思決定によりすでに生じているものもあります。自製か外注かという選択の際には，固定費の存在に集中します。

㉒　一定の条件が成立すれば，原価割れでも販売すべきという結論に達することもあります。

㉓　固定費にはさまざまな性質のものが存在しますが，大きくは節約可

能なものと節約不可能なものの2種類に分類できます。本社で発生する固定費は，事業部を閉鎖しても節約不可能であり，事業部門を閉鎖するかどうかの際に留意する必要があります。

㉔　固定費の中には経営者の意思により，ある程度制御可能なものもあります。

㉕「見えない固定費」として，無駄な会議や効率の悪い仕事のやり方なども存在します。

㉖　設備投資については，減価償却の自己資本機能を強調しすぎると過大投資になってしまう可能性があります。

㉗　チャンスロスという考え方を常に意識して，決算書に出てこない「損失」を防ぐことが大切です。

㉘　「生き残り」「体質改善」というフェーズでは，利益と同様に現金が重要になります。

㉙　決算書の「利益」と会社に残る「現金」は違います。減価償却が主な原因です。

㉚　収益と収入，費用と支出は一致しません。損益計算書上の経常利益が重視されてきましたが，現金がどう使われたか，どう増減したかも大切な指標です。これがCFを重視した経営です。

㉛　CF（キャッシュ・フロー）を把握するには，営業に関するもの（営業CF），投資に関するもの（投資CF），財務に関するもの（財務CF）に分けてお金の出入りを考えることが大切です。この3つのうち，営業CFがプラスになることが重要です。

㉜　利益が出ても意外と会社に現金は残りません。要因は税金と借入金の返済です。

㉝　会社のステージはCF計算書を見て，営業CF，投資CF，財務CFのバランスを見ることで判別できます。会社が「生き残り」「体質改善」

というステップを経るということは，衰退企業のCFタイプを成長企業のCFタイプにすることです。

㉝ 黒字倒産は不況時には起こりやすく，原因は過剰な在庫，過剰な投資にあるケースが多いものです。

㉟ CFを逆算する（いくら現金を残したいかを明確にする）ことで損益計算書の計画を立てる。これにより企業が「生き残る」道は見えてきます。

㊱ 運転資金を少しでも少なくするという努力も必要になります。

㊲ 売上減少の原因を把握し，対策を立てることが必要です。製品別，地域別，営業所別，営業マン別，得意先別などに分類し，過去24ヵ月と比較します。

㊳ 年度初めに立てた計画ベースの売上と実績を比較・分析し，対策を立てます。

㊴ 値下げ戦略は成功しないことが多いです。うまくいくとすれば販売数量が大幅に伸びることと変動比率が低いことが条件になります。

㊵ 規模に応じた利益を出すことが株式会社の効率性です。これは投資に応じたリターンを求めるという考えがベースになっています。

㊶ ROEは反応ではなく，財務レバレッジを効かせることで上昇しますが，一方で借入金を膨らませることになり，「安全性」に反します。

㊷ 顧客には損失をもたらす顧客もいることを前提に，対応の仕方を考えるべきです。

㊸ 売上の形態はスポット型か継続型か，顧客獲得と維持のコストを認識する必要があります。

㊹ 「持たざる経営」をめざすことも考える必要があります。

(7)　英語力

　今後，日本国内の人口減少や経済縮小に伴う経済環境下においては，グローバル化の波により，海外（特に東南アジア）との取引が逓増していくものと予想されます。

　東南アジアの主要国とのビジネス現場では，自国語だけでなく英語を話すのが常識となっています。海外との取引をするにあたり，英会話力がますます必要となり，商談だけではなく，社内会議も英語でという会社が増えています。

　私事ですが，2019年，米シリコンバレー在住の日本人，日本の公認会計，中小企業経営者の4人共同で，アメリカ進出を目指す企業をサポートするコンサルティング会社（J-Forward,Inc.）をシリコンバレーに設立しました。実際の活動にあたり，英会話力の必要性を強く感じているところです。

　特にグローバルに展開する企業の場合，現地との役員会等社内の公式な場所でのやりとりは英語でされているとのことです。

　日本の大学教育でも英会話に力を入れるところが増えています。私自身が非常勤講師を務める京都先端科学大学では，永守重信理事長の号令のもと，外国人による少人数の英会話授業を毎週実施し，必要科目として取り入れています。

　たとえば関西の四大学（関関同立）が小学校から，大学までの一貫教育を目指していますが，小学生から英会話の授業に力を入れているとのことです。グローバル化が進む今日，英会話力は必須と言えます。

3．会社はこのままでは潰れる

(1) 会社の方向性

　会社は，外的要因と内的要因により，何も手を加えなければ潰れるようにできているものです。外的要因とは，①人口動態の変化（将来の人口はどうなるか，少子高齢化でどう変わるか），②競争環境（品質・価格・サービスは満足できるものなのか），③マクロ経済（景気は良くなるか，世界経済はどうなるか），④法制度の変更（法改正で市場はどう変わるか，売上や利益に影響するか），⑤技術革新（IT化で世の中はどう変わったか，電子書籍の登場で本はどうなるか）というようなものを言います。会社はこのような外圧にさらされているものであり，工夫や努力をしなければ，会社の寿命＝30年と言われ，人間と同じように死滅していくものです。

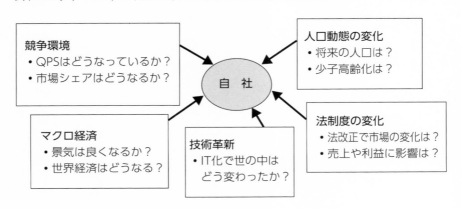

(2) 会社の寿命～内的要因（商品の寿命と関連）

　「選択と集中」が経営の基本ですが，単一事業のみに偏ることもリスクです。経営バランスをチェックするツールにPPM（プロダクト・ポートフォリオ・マネジメント）があります。

　これを使えば，後継者が自社の有している商品がどのポジションにある
かが理解でき，今後の経営に生かすことができます。

《PPM（プロダクト・ポートフォリオ・マネジメント)》

縦軸：市場成長率
横軸：自社と競争状態にある最大企業との間の相対的な「市場シェア」
＊市場成長率が高くなれば市場は競争状態になる。

＜問題児＞　高成長市場で，市場シェアが低い事業。つまりキャッシュアウトが
　大きく，キャッシュインが少ない状態。「金食い虫」の事業。

＜花形＞　「問題児」が順調に成長し，市場シェアを確保すれば，「花形」になる。
　市場自体は成長し続けているので，引き続き開発費や広告費などがかかる。
　キャッシュアウトもキャッシュインも多い事業。

＜金のなる木＞　製品にはライフサイクルがあるため，市場が永久に伸び続ける
　ことはない。製品自体が成熟期に入れば，新たな開発費などは必要なくなる。
　かつ，市場シェアが高ければ，キャッシュアウトが少なくキャッシュインが多
　い事業になる。

＜負け犬＞　市場成長率も小さく，市場シェアも小さい事業。「金のなる木」も，
　市場シェアが落ちれば負け犬になる。事業としては魅力的ではないので，撤退
　するか，市場シェアを高めて「金のなる木」に育てる必要がある。

(3) PPMと製品ライフサイクルからキャッシュフローを検討

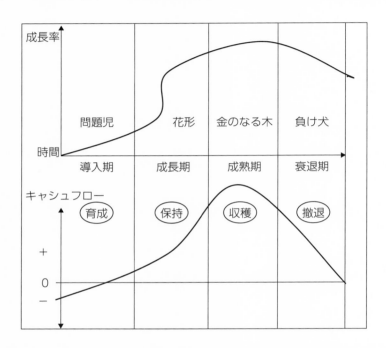

〈問題児〉の段階では高成長が見込めるので，他社との競争が激しくな
り，市場成長率，利益性ともに低く，出資が多いのでキャッシュフ
ローは悪いと言えます。

〈花形〉の段階では高成長が見込め，競争に打ち勝つための大きな投資
が継続して必要なため流出する出費が大きいが，徐々にキャッシュフ
ローは良くなっていくと言えます。

〈金のなる木〉の段階では，成長率は低いが安定した大きな収益が得ら
れ，キャッシュフローは最高に良いと言えます。

〈負け犬〉の段階では成長率が低く，マーケットシェアも小さいので資
金の流入・流出ともが小さいと言えます。

⑷　会社のライフサイクル

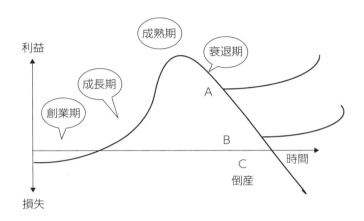

　「会社30年説」ということが言われました。信用調査会社によると，倒産件数の３割以上が会社設立30年以上という統計があります。会社のライフサイクルには，「創業期」があり，そして「成長期」を経て「成熟期」に入り，その後「衰退期」に突入します。この創業期から衰退期までがおよそ30年と言われており，衰退期にさしかかって，どの時期に革新をするか，または立て直すかによって，会社の存続が決まるのです。

　衰退期に入りかけた時期がＡの時点であれば，まだ革新を起こし，立て直す可能性はあります。この時点では，まだ本業の儲けである営業利益が出ているので，会社の余力は残っています。しかしＢの時点では，ほぼ利益が捻出できず，余力のない状態であり，収益構造を至急転換する必要があります。会社の立て直しの確率が低いのはＣの時点で，すでに赤字体質になってしまい，体力が消耗しきった状態にあります。痛みをともなう抜本的な対策を打たなければなりません。衰退期に入ると時間の経過とともに会社は劣化していってしまうのです。

　後継者が先代から事業を引き継ぐ場合，以上のように，会社のライフサイクル上，会社がどのポジションにあるかを十分に認識した上で，経営革新を行わなければなりません。

(5)　適正規模経営の勧め

①　会社を必要以上に大きくしない

A　「右肩上がりの時代」はもう来ない

　第二次世界大戦後，日本の経済は高度成長期を迎えて，ずっと右肩上がりで成長してきましたが，バブルが崩壊したあとは低迷しているのが実状です。人口動態の面から少子高齢化が進み，「右肩上がりの経済」は，もう来ないと言われています。また中小企業は，直接の取引先が景気に影響されない会社でも，その「取引先の取引先」が景気に左右されて売上が落ち，結果，影響を受けるということが多々あります。以上から景気が今後あまりよくならないと思われる中で，「人をどんどん雇って規模を大きくし，売上を増やしていき，利益を出し続けること」は非常に難しいことだと言えます。

B　大企業は本当に儲けているのか

　テクノロジーの発展により，「会社に行かなくても仕事ができる」（在宅勤務）ようになり，会社の業種・業態を超えて，個人同士がつながるようになりました。この結果，才能がある，もしくはやる気のある個人が規模の小さい事業をどんどん立ち上げていくことも考えられます。

　社員への高い給料と充実した福利厚生が備わった会社は，不景気になっても一度上げた給料水準は下げられないこともあります。大企業においても大リストラが行われる時代です。

C　家賃・人件費が高負担になる

　規模の拡大を狙って，いったん人を増やしてしまうと，経費がどんどん

増えていきます。人を雇った瞬間，事務所も必要になります。

　一度会社を大きくすると，もう止められない。たとえば借入れをすると
なると，金利負担がかかってきます。その金利を払うため，さらに売上を
増やす必要があります。売上を増やすためには人員が必要で，その人員が
増えると，また事務所を拡張・移転しなければなりません。そうするとま
た保証金がかかって，というように，とにかく経費がスパイラル状に増え
ていきます。

　D　「管理の手間」で儲けが減る

　大きくすれば，内向きの力が必要になります。実は会社の外で営業が利
益を稼ぐのですが，管理部門は利益を生み出しません。「総務・経理」を
雇うほど粗利は減ります。

　E　1人当たりの粗利額で勝負

　粗利額の絶対額は大企業のほうが多いのが当然ですが，企業効率の善し
悪しは1人当たり粗利額の大きさで判定します。たくさん社員を増やして
いったとしても，1人当たりでどれだけ稼げるかを考えなくてはなりませ
ん。

　大企業の決算書を見ると粗利額1,000万円くらいが普通です。1人当た
りの粗利2,000万円，もしくはそれ以上を狙っている場合には，売上を増
やすことはもちろん，原価がかからない事業をやることも肝心です。

　ここでX社とY社という事例をもとに検討してみましょう。

　（1人当たり粗利額と労働生産性を同義語と仮定します）

《X社　大規模経営から粗利志向の経営への転換》

	年　商	月　商	平　均 粗利率	月間 粗利額（A）	社員数 （B）	労働生産性 （A）／（B）
A社	12億円	1億円	約17%	1,700万円	約20名	85万円
B社	48億円	4億円	約15%	6,000万円	約80名	75万円

多くの人数を使って，多くの売上高を
上げる（12億円→48億円）

1人当たりの粗利額が，月間100万円
以上になる経営を目指す
（75万円→85万円）

A社　85万円　＞　B社　75万円
A社を選択（1ヵ月に社員1人当たりどれだけ稼いだか）

《Y社　売上志向から粗利志向の経営へ転換》

売上目標を10%アップしたら，労働生産性がダウンした

	現在（A）	目標（B）
売上高	1億円	1.1億円（10%）
粗利額	1,600万円（16%）	1,617万円（14.7%）
人　員	20名	21名
労働生産性	80万円	77万円

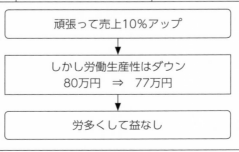

頑張って売上10%アップ

しかし労働生産性はダウン
80万円　⇒　77万円

労多くして益なし

　X社はA社を選択し，売上高から1人当たり粗利額重視の経営を目指します。Y社は現在の売上高（1億円）を10％（1.1億円）アップさせるために，人員を5％増員して合計21名となったケースです。

　最も重要な労働生産性は80万円が77万円にダウンしてしまいました。安売りや押込販売が強化され粗利率が低下し，交通費等の経費もアップして，収益性が落ちたことによるものです。

　②　上場会社のメリット・デメリットを把握する

株式公開のメリット	株式公開のデメリット
会社のメリット ・資金調達能力の増大と財務体質の改善 ・社会的信用の増大と知名度の向上 ・経営管理の組織化と内部管理体制の充実 ・人材の確保と従業員のモラル向上	・費用の発生 ・社会的責任の高まり ・株式の買い占め対策 ・企業情報の開示義務の増大（公認会計士監査） ・株主総会の運営対策 ・日々の株価への関心度の増大 ・株主からの要求の増大（短期的利益）
株主のメリット ・創業者利潤の確保と個人保証リスクの解消 ・株式の流通性の増大 ・公正な株価の形成と資産価値の増大 ・株式の換金性の向上 ・従業員へのストックオプション	

4．ランチェスター戦略

(1)　ランチェスター戦略とは

　これは，中小企業の経営者（後継者）にとって，絶対に知っておくべき重要な経営戦略であります。

① ランチェスター戦略の起源

第一次世界大戦の頃，イギリスの航空工学のエンジニア，F.W.ランチェスター（1868〜1946）が発見したランチェスター法則がその起源と言われています。兵力数と武器性能が敵軍に与える損害等を決めるには，一定の法則があると言われています。

その後，コロンビア大学B.O.クープマン教授らが，軍事シミュレーションモデル「ランチェスター戦略方程式」に発展させました。クープマンらは，直接的戦闘力である「戦術力」と間接的な戦闘力である「戦略力」を分けて考え，その比率を「戦術力1：戦略力2」とする時，最も戦闘力が高まることを方程式で示しました。

一般的に，「戦略」とは「目に見えない行動」，「戦術」は「目に見える行動」とよく表現されます。企業で言えば，「戦略」は，製品開発，商品戦略，流通戦略，価格戦略，地域戦略といった見えない範囲での意思決定の領域を指し，「戦術」は，この戦略を達成するための，広告・宣伝活動，プロモーション，営業といった行動を指します。

② ランチェスター第一法則とランチェスター第二法則

- ランチェスター第一法則は，①局地戦（狭い所，敵の兵力数が見えるような場合），②接近戦（近くで戦う場合），③一騎打ち（「対」でしか対戦できないような武器を使った戦闘の場合）に適用されます。この法則に徹するのが弱者の基本戦略です。
- ランチェスター第二法則は，①広域戦（敵が視界に入らないような広い場所での場合），②遠隔戦（遠くで戦う場合），③確率戦（一人が複数を攻撃できる武器を使った場合）に適用されます。この法則に徹するのが強者の基本戦略です。そして，ランチェスター法則からして，

> A　数の多い方が常に有利，数の少ない方は常に不利，勝負は力関係で決まる
> B　数の少ない方は第一法則に従った戦い方をすること
> C　数の多い方は第二法則に従った戦い方をすること

と結論づけることができます。

③　弱者と強者の定義

　一般社会では大きな会社を強者，小さな会社を弱者と呼ぶことが多いです。しかしランチェスター戦略では，強者とは競合局面において勝っている市場占有率1位の企業を言い，弱者は競合局面において負けている市場占有率1位以外のすべての企業と定義づけられています。

　この競合局面という考え方が大切で，企業規模の大小ではないのです。小さな会社ならすべて「弱者」ではないのです。小さくても日本一の強者の会社もあれば，上場している大企業でも弱者の場合があります。

　だから，弱者（多くの場合中小企業）が企業規模を大きくすることを考えるより，①どこの，②誰に，③何を，④どのように，という局面でのシェア1位をまず目指すべきなのです。つまり大きくなるより，シェア1位を目指して「強者になる」と考え方を変える必要があります。

　好況の時は「売上拡大」でいいのですが，不況の時は「シェア1位を目指す」ことが大切です。

④ 弱者と強者の５つの戦略

	弱者の基本戦略 （差別化） ランチェスター第一法則	強者の基本戦略 （ミート戦略） ランチェスター第二法則
A．市場・地域視点	局地戦	広域戦
B．顧客視点	接近戦	遠隔線
C．競合視点	一騎打ち	確率戦
D．主義の視点	一点集中	結合戦
E．作戦の視点	陽動戦	誘導戦

ビジネスの比較例

第一法則型ビジネス		第二法則型ビジネス
・１人の営業担当者	⇔	組織営業
・２社間競合	⇔	３社以上
・ニッチ市場	⇔	大きな市場
・通販・訪販・一本釣り型	⇔	卸・投網型

⑤ 市場占有率

市場占有率は，ある特定の市場全体の総売上高を「市場規模」ととらえ，その市場規模を分母に，各社の売上を分子としたものを指します。

$$市場占有率 = \frac{各社の売上高}{市場全体の総売上高} \times 100$$

＊占有率は売上高にとどまらず，生産台数，出荷数，販売台数，契約者数など，業界やその目的によっても異なる。

＜目標シンボル数値（市場占有率）＞

① 独占的占有率（70％以上）

占有率としては独占的な地位にあり，これ以上を目指すことによって値

崩れによる収益低下を招かないように注意しなければなりません。

② 主導的占有率（40％以上）

目指すべき占有率としては理想的であり，プライスリーダーの地位を獲得できるメリットがあり，常に眼下の敵を意識して占有率を維持すべきです。

③ 不安定な一流（25％）

一応努力が認められ，ぎりぎりの合格点で一流の仲間入りができましたが，もう一つ上のランクの主導的占有率を狙って努力し続ける必要があります。

④ 過渡的占有率（10％以上）

一流でなく，二〜三流の企業であり，自らの力はまだ弱いことを認識しながら，得意分野に一点集中して，25％の占有率を目指して努力し続けなければなりません。

⑤ 限界的占有率（10％以下）

限界企業の運命は消え去るのみですので，市場が成熟してくると，できるだけ早くの撤退も検討すべきで，可能性があれば市場を細分化して徹底した一点集中により10％以上の占有率を目指すべきです。

⑥ 強者と弱者の戦略の違い

ランチェスター法則が局地戦のみに適用される限り，弱者だろうと強者だろうと，特定の局地戦において戦略的優位性をいかに実現するかです。

ただ強者は総合力が大きいから，多くの戦場においての戦略的優位を発揮することができ，弱者は総合力で劣るが故に，いかにして敵の鋭鋒をかわし，自らの力で敵に勝る戦力を投入できる戦場に限定するかという限定戦になります。

＜強者の戦略＞～総合力をいかに発揮するか

A　商品力を充実

　　商品のレパートリーを広げ，アイテムを多くする“多様多品目戦略”。

B　サービスの優位性を確立

　　特に，修理・メンテナンスに弱く，クレーム処理に至っては全く無視される。大手が本当にお客様サービスに徹したら，その威力は絶大になる。

C　キャンペーンの強化

　　企業イメージ・商品イメージがアップするので，強者のメリットは絶大になる。

D　作戦地域の拡大

　　まだ占有率を確保していない地域を制覇するのでシェアを拡大できる。

E　価格政策

　　プライスリーダーの地域をフルに活用して，シェアアップおよび収益性を向上できる。

F　No.2を叩くこと

　　我が社の地位をおびやかすものは，常にNo.2であり，シェアを引き離し，本当の意味で勝利を収めることができる。

G　敵を我が陣営に引き入れること

　　敵を叩くばかりでなく，これを我が陣営に引き入れてしまうことにより，特に価格面の安定において非常に効果的である。

H　我が社の占有率が圧倒的な場合には弱小業者の生きる道を残しておくこと

　　弱小業者の商品と価格，得意先などを荒らさないこと。あまりいじめると，逆襲に遭い，価格を荒らされるおそれがある。完全制覇は，かえって自らの損害が多くなる。

＜弱者の戦略＞～強者の戦略の逆をいく

　強者の死角・盲点を突くことを主眼とし，自らの力に応じ，その力の範囲内で敵に勝る威力を発揮できる商品・地域に限定して，そこに販売努力を集中すべきであります。

A　大手との正面衝突の回避

　　大手の苦手の商品，大手よりグレードの高い商品，特別の機能，特殊仕様品などを扱う。

B　サービスの徹底

　　"量"の分野でなく"質"の分野であるだけに，大手に勝つための弱者の最も強力な武器の一つである。

C　キャンペーン

　　大手の手の届かない地域，扱っていない商品に集中し，すきま戦略に徹する。

D　作戦地域の限定

　　大市場では大手に絶対に勝てないから，参入してはならない。訪問回数で上回る地域を選定すべきである。

E　価格

　　強い商品はそれなりの価格を維持できるが，弱い商品は大手より低価格でなければ売れない。

F　我が社のすぐ下の敵を叩くこと

　　大手がNo.2を叩くのと同じ作戦。それは大きな敵と戦うよりは楽。

G　どこかの会社と組んで，戦力を増加し，狙った敵を攻めること

　　高度な作戦で，政治力を必要とし，慎重で十分な検討の後に行う作戦。

＜強者，弱者ともに冒しやすい誤り＞

飽和市場に対して新たな攻勢をかけることには，注意しなければなりません。これは，たとえ販売に勝っても値崩れという損害を被ることになるからです。

飽和市場に対しては，そっとしておくことが最良の策です。

飽和市場に乗り込んで成功を収めることができるのは，優れた"新商品"です。新商品にとって，そこは飽和状態ではなく，新市場だからです。

⑦ 「差別化・一点集中・No.1」ランチェスター戦略の極意

　差別化⇨人と違うことをする

　一点集中⇨やらないことを決めること，捨てる勇気を持つ・「大きな市場で小さなシェア」儲からない・「小さな市場で大きなシェア」を目指す

　No.1⇨地域，製品，市場，何でもいいから圧倒的に強いNo.1，ダントツの1位で勝つこと

ランチェスター戦略とは市場を細分化し，優先順位を決め，これに従って，1つひとつのテリトリーまたはチャネルに敵に勝る戦力を投入することにより，その占有率を高めていく戦略です。

私が40年前公認会計士二次試験合格後のインターン（実務補習所）時代，経営戦略の講義の中で初めて耳にしたのがランチェスター戦略でした。講師の先生が「中小企業が今後大企業に対して打ち勝ち，生き延びていくのに，絶対必要になり武器となる戦略が弱者としてのランチェスター戦略である」と講義されたことが，今でも脳裏に焼きついています。

監査法人勤務，その後独立開業後も実践しているのが「ランチェスター戦略」であります。

(2)　差別化，一点集中，No.1〜筆者事務所の具体例

① 　平成20年に公益法人改革の実施が決まった時，新公益支援コンサル
タンツ（株）を創立し，営業活動を開始しました。

A　既存の社団法人・財団法人に対する公益法人改革指導。

B　東京の公益法人専門家を招いて，提携をする。

C　どこよりも早くセミナー・研修会を開催。

D　その後，少人数でさまざまな業種に向けての研修会および相談会。

E　公益法人の得意な会計法人はほとんどいません。

F　筆者事務所では，公益法人改革および公益法人会計のスタッフを養
成。

G　既存の公益法人関連図書（ほとんど制度改革および会計の説明）に
ない，業種，業態ごとに留意点を深掘りした『公益法人移行成功のシ
ナリオ』を中央経済社より発刊。類似書とは全く違う内容なので好評
を博し，版を重ねることができました。

H　それをきっかけに公認会計士協会の各地域会，医師会，各同業社の
集まりで，各団体のセミナー，研修会，および個別相談会を開催し，
良き相談相手となりました。

I　個別相談会の結果，ほとんどの法人には，顧問の先生（税理士また
は公認会計士）が存在するが，顧問の先生の了解を得ながら，公益法
人に指導を乞われて顧問に就任しました。

J　さらに同業の税理士，公認会計士の先生方から，法人をご紹介して
頂き新公益法人制度改革を柱にして，新規顧客獲得ができました。

　　この場合，ライバルとなるのが大手監査法人ですが，大手は人数的
にも費用面（どうしても大手については最低500万円の報酬）がネッ
クとなり，営業上のバッティングは，ほとんどありませんでした。

② 平成28年以降，一定規模以上の社会福祉法人および医療法人の公認会計士による法定監査が義務づけられました。

A 平成28年，「平安監査法人」を設立。

B 「平安」というネーミングのとおり，京都発および地元の社会福祉法人，医療法人をターゲットに絞りました。

C 個人事務所としては，学校法人および任意監査は実施していましたが，組織監査として監査を行う体制が整いました（ちなみに監査法人は，5人以上の社員公認会計士の構成員をもって成立）。

D それ以来，社会福祉法人および医療法人を対象としての会計および監査制度，また，法定監査を受入の準備のセミナー，研修会を実施し，周知徹底を図りました。

E 社会福祉法人に対して「社会福祉充実計画」作成ガイドのセミナーを開催し，中央経済社より『「社会福祉充実計画」の作成ガイド』を出版しました。

F 同業の税理士，公認会計士の先生よりご紹介を受け，現在も継続しております。

G 医療・介護・福祉に特化しているメディカル・マネジメント・プランニング・グループ（MMPG）に参画し，医療関係の情報を入手しています。

H MMPGの会員の税理士の先生より，クライアントである病院の会計監査を紹介して頂き，会計・税務・経営および監査の全体的な指導を行っています。当然顧問税理士と平安監査法人は常に密接に連絡を取り合い，チームワークよく機能しています。

I 銀行に対しては，平安監査法人は医療法人・社会福祉法人特化型の監査法人をアピールすることにより，地元の大病院の監査を担当することができました。特に大病院については，理事長がオーナー系なの

で，指導的機能を望まれます。大手監査法人よりも我々中小の監査法人を望まれる傾向にあるのが理由の一つです。

J　業界的には，大手監査法人も大型の病院については監査を行いますが，中小規模の病院については人数的・費用の側面から受けられないので，大手監査法人より，平安監査法人が紹介されるケースもあります。

③　一般社団法人日本信託承継ネットワークの設立

日銀は平成28年1月29日，マイナス金利を導入，金融機関，特に地域金融機関の経営は従来の金融仲介機能では本業の営業利益を計上できなくなりました。地域によっては金融再編，店舗統廃合が叫ばれ出しました。

平成28年4月に，筆者は『地域金融機関と会計人の連携』を金融財政事情研究会より発刊し，地域金融機関の方々にも好評を博し，版を重ねることができました。地元京都をはじめ，関西のあらゆる所で金融機関ごとに研修会を開催しました。

地方創生の立場より，地域金融機関にもコンサルティング機能が必要となり，会計人と金融機関とが連携して専門的サービスの提供が望まれるようになりました。

A　平成31年4月，京都の中堅税理士法人5社が，京都を中心とする金融機関と連携して，地元京都を活性化するために，"資産承継・事業承継"分野を中心に，各会計事務所が共同で取り組む一般社団法人を作りました。京都の京都による京都のための会計人集団です。

B　地元の京都銀行・滋賀銀行は，折しも，信託部門を併設し，資産承継部門に力を入れるようになってきました。

C　市場縮小に伴い，大廃業時代を阻止すべく，国家的課題である戦略的事業承継・M&Aに取り組むことが金融機関にとっても優先的課題

になり，我々とコンサルティングを中心に，協同で業務を行う機会が増えてきました。日本信託承継ネットワークは，5団体のスタッフ総勢130人，うち税理士など士業30人で組織。業務内容は，①資産承継，②事業承継，③組織再編，④M&A，⑤信託活用，⑥相続・贈与等のコンサルティングを中心に活動。

特に京都府に営業店を構える金融機関との協働に力を入れていく。個人は資産承継，法人では，事業承継の分野で金融機関をサポートする。また，事業承継やM&Aに強い専門家のノウハウも提供。各金融機関の担当者向け勉強会やセミナー講師の派遣でも協力する。

5．第二創業・ベンチャー型事業承継

(1)　第二創業

①　定　義

第二創業とは，中小企業等の比較的規模が小さな会社が新しい経営者を就任させ，先代から引き継いだ事業の刷新を図り，これまでとは全く別の分野に進出することを言います。

企業の地盤はそのままに，経営革新を行ってさらなる飛躍を目指すのが第二創業です。一般的なイメージでは第二創業と言えば経営者の交代が伴うものと思われがちですが，同じ経営者が既存事業とは全くちがう新しい分野に挑戦するケースもあります。

現在，全国の中小企業，小規模事業者で経営者の高齢化が深刻な問題を引き起こしています。経営者の高齢化が進んでいる企業の多くは，事業そのものが衰退期に入っており，後継者不足と合わせて二重苦の状況に陥っています。

このような状況の中，次の一手を打つ体力も方法もなく，廃業・倒産ま

で時間の問題になってしまっている事業者は少なくありません。

　商品にライフサイクルがあるように，企業にもライフサイクルがあります。

②　第二創業のメリット

　「第二創業」は何もないところから起業する新規創業に比べると，失敗するリスクが少ないのがメリットです。

　これまでの事業活動で築いてきた信用，既存事業の収益などが活用できるため，これまで築いてきた地盤を活用しながら，比較的余裕をもって新規分野に参入できるという特長があります

　ただ，既存事業の収益は右肩下がりに減っている状況のケースも多いですから，既存事業の収益がある程度確保できている早い時期に，第二創業に取り掛かることが大切です。

③　第二創業を成功させるポイント

　これまで築き上げてきた自社の資産，経験，ノウハウなどを最大限に活用することが，第二創業を成功させるためのポイントです。

　自社の強みと弱みを正しく分析し，既存事業の強みを活かせる事業計画を立案する必要があります。

　説得力のある事業計画を作成することで，補助金のみならず，銀行など金融機関からの融資も引き出しやすくなります。

④　事業の承継は後継者による「第二の創業」

　親が創業した会社を子が継ぐなど，トップが交代する時期に，衰退期に入っていることが多いのも，後継者に第二創業を決定させる大きな動機となっています。

　時代の変化に伴い，経済状況やユーザーのニーズは目まぐるしく変わっています。創業時のまま旧態依然とした経営手法では，現代のニーズに合わないのは当然です。この状態を放置したまま経営を続ければ経営状態はジリ貧です。最悪の場合は倒産へと至ります。倒産を避けるために，まずは自社のライフサイクルを正しく把握する必要があります。

　自社が衰退期または成熟期にあると判断したならば，早急に第二創業を行う必要があります。新商品の開発や新規事業の創出，組織変革など，やることはいくらでも出てくると思います。

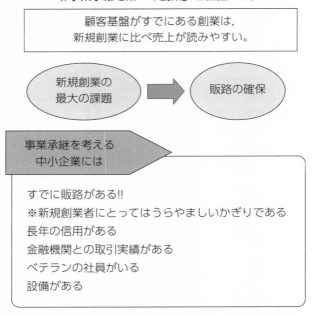

《「事業承継を第二の創業」と位置づけ》

顧客基盤がすでにある創業は，
新規創業に比べ売上が読みやすい。

新規創業の
最大の課題　→　販路の確保

事業承継を考える
中小企業には

すでに販路がある!!
※新規創業者にとってはうらやましいかぎりである
長年の信用がある
金融機関との取引実績がある
ベテランの社員がいる
設備がある

これらの優位性があるのだから，後継者による第二創業の
成功の確率は高い。

⑤　後継者は引き継いだ事業の経営を死守し，さらに発展を！

　創業者が創業した会社は，その当時の時代背景と創業者の熱い想いでつくられたものです。そして，時代の荒波を乗り越えて，何とか現在まで生き延びることができました。

　しかし，これからも今までどおり会社が生き延びられると考えてしまうほうが誤りなのです。大手銀行が数行に集約され，いろんな業界で再編が起こり，業界地図が一変するような時代です。今までの得意先は，企業再編で一瞬にして消え去り，特に今回のコロナショックで，観光業を中心に老舗でも一夜にして倒産の危機に瀕することが起こります。

　したがって，そのような変化に立ち向かい，これを乗り越えていくため

《事業計画をフォローする際のポイント》

目　標

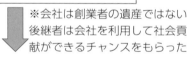

後継者が第二創業者として立てた
事業計画を実現するためには

※会社は創業者の遺産ではない
後継者は会社を利用して社会貢
献ができるチャンスをもらった

Action①
　事業計画に基づき，予算と行動計画をつくる

Action②
　毎月・毎年，実績と予算を比較し，差異を分析し，必要なら軌道修正する

Action③
　後継者に情報が集まるしくみをつくる

Action④
　幹部社員との頻繁なコミュニケーションが必要

・事業計画は後継者が新たに儲けるための目標
・目標は常に軌道修正が必要
・軌道修正は新たな経営のヒント

には，会社を財産として引き継がせようというような発想では無理です。

後継者が引き継ぐのは事業と創業者が目指したものです。

事業を発展させ，創業者の夢をかなえられるような事業計画を若い社員と一緒につくる。事業承継の本質はそこにあるのです。

(2)　ベンチャー型事業承継

①　定　義

ベンチャー型事業承継とは，親族内の事業承継において，若手後継者が家業の経営資源を活かして経営革新に取り組むことです。中小企業庁の「事業承継5ヶ年計画」にもその言葉が取り上げられるなど，徐々にその認知度は広がっています。

今後5年間で30万人以上の経営者が70歳になるにもかかわらず，6割が後継者未定であり，70代の経営者でも承継準備を行っている経営者は半数という現状が示されました。我が国企業の99％を占める中小企業の高齢化問題は深刻化しています（2025年問題）。

地域の事業を次世代にしっかりと引き継ぐとともに，事業承継を契機として後継者が積極的にチャレンジしやすい環境を整備することが求められています。

若手後継者が家業の経営資源を活かし，新規事業，業態転換，新市場開拓など，新たな領域へ挑戦することを指します。ゼロから起業するベンチャーでもなければ，親と同じ商売をする単なる親族内承継でもない，新たなジャンルと言えます。

②　自分がやりたいビジネスに「家業を寄せる」

この言葉を使い始めた背景は，若手後継者が自らの未来に希望を持てるよう，「家業の経営資源を活用して新しいビジネスを始めることも，ベン

チャーの一つである」ということを若い世代に伝えるためです。

　今は起業のハードルが低くなり，メディアなどでは成功するベンチャー企業が数多く取り上げられます。一方で，「事業承継」と聞いて思い浮かべるイメージは相続や税金の問題ばかりで，華々しいものではありません。そこで若手後継者の家業への見方を変えるべく使われた言葉です。

　後継者でありながらベンチャー色の強い事業を展開している方で起業家同士の集まりや，中小企業の後継者同士の集まりに参加しても違和感がぬぐえず，生み出した言葉です。

　新たな取組みといっても，必ずしも取り扱うアイテムなどを変える必要はありません。現在の家業を大きくしたり，隣接する業界に参入したりする，という方法でもよいのです。

③　地域こそベンチャー型事業承継に取り組む意義

　ベンチャーが発生する数は東京一極集中の傾向が強く，地域においてゼロからのベンチャーは生まれにくいと言われています。

　しかし，「1を10にする」というベンチャー型事業承継であれば，地域でも生まれる可能性が高いです。地域の若手は東京に行きたがる傾向にありますが，地域資源，特に家業を持つ人に「あなたもベンチャーである」と告げることで，人材流出を防ぐことができ，それが新ビジネス創出につながるのです。

　今回コロナによってテレワークが普及し，従来の都会での仕事を地方都市でも効率よく，品質も変わらず行えることが立証されました。今後は地方でも若い人材が戻ってくると考えられます。同じく，若手後継者にも地域に根付いた伝統と文化を継承しながら，親からの事業を新しい形で引き継ぎたいという意識が芽生えてくると思います。

④　後継者もベンチャーであると自覚

若手後継者の方には，家業を継ぐことは決してネガティブなことではなく，新たな取組みの可能性があるということを知る必要があります。

実際に，ゼロから起業する場合でも，他に家業を持っていて，幼い頃から見てきた親の影響を受けて起業する方が多いです。家業を持つ方は，経営者としてのアドバンテージをもともと持っているということです。家業は資源であり，「後継者こそベンチャー」である自覚を持つ必要があります。

(3)　キング・オブ・ベンチャー堀場雅夫氏からの薫陶

京都市ベンチャービジネスクラブ，京都経営者協会，日経懇話会，JC，ロータリークラブその他，35年以上前，至る所で堀場雅夫氏（堀場製作所創業者）の体験に基づく独自のベンチャー論を学びました。

①　最初の衝撃は，日米での根本的な思想の違いです

日本では，どこの出身（大学），どこの会社，退職した場合その理由等と過去実績志向です。大学については，入学試験が最難関で，入学すると全く勉強せず，昼からマージャンに明け暮れ，簡単に卒業し，学生時代の勉強は何のためにもならず，社会人としてはゼロからのスタートです。一流企業に入り，定年まで働くのがエリートの証です。

米国では，どこの出身（大学）かは無関係で，「何回失敗したか」「これから何をしたいか」という未来志向です。大学についても，入学は比較的容易ですが，単位をとるのが難しく，熱心に勉強しなければ卒業できません。一流大学（ハーバード，スタンフォード等）を出た成績優秀者はまず，ベンチャー，自ら起業することを目指し，次のクラスはすぐには起業しないにしても，ベンチャービジネスに勤め，それから次のクラスが有名企業

のサラリーマンになります。

　まさに日本とは正反対なのです。日本は，一番優秀な人が官僚になって，次が大企業のサラリーマンになって，その次が中小企業の社員になっています。

②　中小企業は「ニッチ」な市場に特化すべきです

　多くの企業経営者は最先端のマーケットばかりに注目していました。最先端の分野は大企業がヒト・モノ・カネの経営資源を大量に投入しているため，中小企業が戦って勝利する確率は低いと言えます。たとえ一発当たったとしても継続して成功することはさらに難しいです。

　やはり，ベンチャー企業にとってはニッチな市場がおいしいです。大企業が儲からないようなニッチな市場を見つけることができれば，最先端でなくても十分ビジネスは成立するものです。

　景気が良い時，大企業はおいしいところでビジネスをするため，食べ残しがたくさんあるところを狙ってビジネスをすることができます。景気が悪い時には大企業も骨までしゃぶるように攻めてきます。しかし，大企業はニッチの攻め方が下手であり，中小企業の方が得意です。したがって，中小企業として骨しゃぶり（ニッチの攻め方）だけは上手になっておくべきです。また，その時にある程度の我慢は必要です。中小企業は，大企業より，自分の方が多くのノウハウを持っていることを信じるべきです。

③　40代ピーク説

　40代は，体力・知力・判断力どれをとっても最高の時で，ちょうど後継者が40歳前後で社長を引き継ぐ時と重なります。事業を始めるには，年齢は40代が最高です。逆に言えば，40代で何もできない人はだめです。40代で成功する人は，20代，30代においても一生懸命やっている人です。ベン

チャービジネスでも，20代，30代で始めた場合，本当にその人のビジネスが評価されるのは40歳になってからというのがほとんどです。

30代で多くを経験すれば，結果として自分はどういうものが得意だとか，どういうものが不得意だとか，どこで戦えばどのレベルで勝つかということは，40代の初めでだいたい見当がついているものです。

事業承継は，後継者にとってはしばしば，イノベーションを起こすべき第二創業と言われています。何事にも貪欲で，現状に満足せずに，前を向いて突き進むことが必要です。そうすれば，50代以降人生が楽しく，ビジネスも開花していくことが約束されます。

④　ピーターの法則

これは自然科学者であり社会科学者でもあるL.J.ピーター博士の理論で，「有能な人間も，昇進していくと，ついには無能になる」という法則です。

人間は，他の人に無能呼ばわりされるまで偉くなるということです。つまり，本人はピークがわからなくて，ピーク手前の絶頂が最高で，最後はピークアウトするものです。

したがって，つねにピーターの法則を適用されない，ギリギリのところでチャレンジすることが，経営の基本です。そして実力をつけながら目標を上げていくのが大切です。

情熱や勇気と同時に，ものすごく冷静な，もう一人の自分というものがあって，つねに自分をこれでいいのか，君はその立場にいてみんなから評価されているのかと，客観的に見据えています。そんなもう一人の自分を40代は持てると思います。20代，30代はがむしゃらに猪突猛進してきたが，40代になったらそれをしていかないといけない。それがピーターの法則に陥らないための秘訣となります。

　人事の妙としてピーターの法則を活用すると，無能呼ばわりされる一歩手前のところで我慢して置いておくのが，会社にとってもその人にとっても最高なのです。

第6章　さまざまな事業承継

1. 老舗企業の成功の秘訣と具体例

　筆者は10年前，事業承継学会の設立メンバーに加わり，現在も，監事を務めております。学会では，老舗企業がなぜ日本に多いのか，老舗企業の特徴を研究しています。老舗企業の多くがファミリー企業であること，長寿であるための根本的な理由，および実際に老舗企業の現社長から生の声を聞くことにより直接学んでおります。

　以下は，学会会期中に後藤俊夫教授の講義で学んだことをまとめたもので，その一端を披露し，老舗企業成功の要因とリスクを考えていきます。

《世界の200年以上の老舗数（2008年）》

順位	国名	企業数	割合
1	日本	3,113社	56.3%
2	ドイツ	837社	15.0%
3	オランダ	222社	4.0%
4	フランス	196社	3.5%
5	アメリカ	14社	0.3%
6	中国	9社	0.2%
7	台湾	7社	0.1%
8	インド	3社	0.1%
	その他（33ヵ国）	1,152社	20.6%

（「日本企業の長寿要因および示唆点」より数値抜粋）

　2008年現在，創業以来200年以上継続している長寿企業は，3,113社ある

とのことです。

　これは国内に存在する法人企業全体の約0.1％に相当します。創業者一族の影響下にあるファミリービジネスがほとんどです。

　3,113社の内訳を見ると創業以来の期間が1,000年以上（19社），500年以上（124社）の企業もあります。18世紀以降大幅に増加しているとのことです。

　長寿企業のほとんどは中小企業ですが，株式公開企業も29社含まれており，その内17社（59％）が17世紀以前に創業しているとのことです。

　その中には，有名なところで株式会社松坂屋（1611（慶長16）年）も含まれています。

　長寿企業が多い地域は，京都府，東京都，長野県が上位3位とのことです。

　かつての首都に長寿企業が多いのは，権力の中枢に資金・材料・人口が集中するので，材料の調達と市場の発展に寄与しやすいためです。

　100年以上続く老舗企業は5万社存在し，法人企業全体の2％に相当し，地域別に見ると東京都が京都府を抜いて全国1位になるとの推定です。

(1)　日本に老舗の多い理由

①　複式簿記

　江戸時代の日本にも商人の世界では精緻な複式簿記が存在しました。

　江戸店，京都店，大阪店など，本店・支店間の連結管理制度があり，丁稚から番頭に至る人事制度，教育制度などが普及していました。また，各種の危機管理（リスクマネジメント）の存在も重要です。

②　江戸時代の景気

　江戸時代200年間（1600～1800年）の経済は平均して年率0.1％で成長し

たとされます。政治の中心地，江戸は，18世紀初頭に世界最大の人口100万都市に成長しており，また商都大阪の堂島に設けられた米市場は世界初の近代的な先物市場に発展していきました。

③　長子相続制

封建時代では，家の存続は何よりも重要とされ，また家と家業は同義でした。家督制度があり，基本的に長男が家と家業を承継する長子相続制を伝統として，必要に応じて養子制度を導入して，先祖から承継された家督を存続するための知恵を生み出しました。

④　心　学

石田梅岩が提唱した心学の役割は重要です。「正当な利潤は武士の禄と同じで，全く恥ずべきではない」と啓蒙しました。江戸時代後期に心学は寺子屋など各種教育機関を通じて町人層に浸透していきました。

(2)　長寿企業はほとんどファミリー企業で超長期な経営

ファミリー企業とは，創業者一族の影響下にある企業を言う。一般企業の場合は，経営の視点が短期的になりやすく，急速な成長を重視します。一方ファミリー企業は基本的に長期にわたる持続的成長を志向し，最も重視するのは次の世代への事業承継です。

(3)　日本のファミリー企業が直面する課題（第1章参照）

①　経営者の高齢化

経営者の平均年齢は上昇傾向にあり，中規模企業で67.7歳，小規模事業者では70.5歳となって，高齢化が著しい。

② 　後継者難

　少子化に加え，「継いでくれる者がいない」「継ぎたくない」「継げない」が含まれています。

③ 　廃業の増加

　廃業率が開業率を上回る現象について，ベンチャー振興の観点から問題視されてきましたが，ファミリー企業の持続に与える影響も無視できません。廃業を選択する理由として，「こんな苦労は自分で終わりにしたい」「事業に将来性もなく，先行き不透明である」というのが主な理由です。

④ 　事業の陳腐化

「新規事業を模索する欲求が薄れる」という調査結果があります。

「成長しようとする意欲（イノベーションへの意欲）の欠如」が重要問題です。

(4)　ファミリービジネス成功の秘訣

① 　一族がファミリービジネスに貢献する基本姿勢です。その事業と一族の存続は，事業にいかに貢献するかで決まります。

② 　同族以外の幹部登用を意識的に行い，同族以外から専門知識のある幹部を登用すべきです。

③ 　自社で働く一族関係者には，少なくとも一般従業員以上の能力と勤勉さが求められます。

④ 　承継の判断について，部外者，信頼できる専門家（税理士，公認会計士，弁護士等）を相談相手として確保しておく必要があります。

⑸　老舗企業の成功例（株式会社　傳來工房／代表取締役社長：橋本和良氏）

①　沿　革

千二百年企業（平安時代初期806年創業）

延暦24年（805），弘法大師（空海）が唐より持ち帰った鋳造技術を受け継ぎ，技能の一番優れた一番弟子が「傳來」の銘を継承し，今に至ります。遣唐使が大陸文化とともに持ち帰った当時の先端技術「蝋型（ロウガタ）鋳造法」を駆使し，青銅を材料に大型仏具の五具足（ごぐそく）と呼ばれる香炉，燭台，花入れを鋳造し，京都の各宗派の総本山に納めてきました。

戦後は銅合金からアルミ合鋳物を中心に建築内外装意匠金属工事や美術工芸分野に事業を展開。同社の代表作としては「皇居二重橋前青銅意匠高欄」「BMW本社アルミキャスト外装」などがあります。

現社長は商品開発力と品質については，鋳造業界の高い評価を背景に大手エクステリアメーカーの枠を越えて，自社オリジナルエクステリアブランドとして，「ディーズガーデン」を2003年1月に投入しました。

フィリピンに100％出資子会社を設立し，主力工場として国内の職人と同等の高度な技術移植を行い，ローコストで高い品質を確保できる生産体制を確立。さらに皇居や美術館などの主要建造物で培ったデザイン力と高度な生産技術・品質管理体制を生かし「ディーズガーデン商品群」を完成させました。

同社の特徴である環境整備「礼儀・規律・清潔・整頓・安全・衛生」の6項目をお客様目線で，徹底的に磨き上げる活動は有名で，25年以上にわたり全社をあげて実践しています。環境整備活動は傳來工房を代表する社風で，今も全国，中国，台湾，韓国からの工場見学のオファーが続いているとのことです。

②　会社の現況

　先代（10年前逝去）とは，いろいろな場面での意見の衝突があったそうです。先代はさまざまな経済団体の会長職等に就かれており，対外的には非常に忙しく，会社の経営にはタッチせず，ほとんど現社長に任されていました。

　戦時中，文化的な仕事がなくなり，戦後は自動車部品や製造部品，さらに銅だけではなくアルミ製造へも進出しましたが，「京都でそういう仕事はそぐわない」ということで，機械部品は群馬県や鹿児島県の工場に移し，京都はルーツに戻ろうということで，近代建築の装飾金物への転換を先代は断行しました。先々代は，修行して当主になった典型的な「職人の親方」でしたが，先代は京都にある伝統の会社を重んじ「誇りを持った仕事をせなあかん」ということを息子（現社長）によく聞かせていたそうです。

　フィリピン進出についても，最初，現社長は先代から反対されていたそうですが，晩年，フィリピン工場を視察した折には，環境整備やフィリピン事業の成功を目の当たりにして，大変驚き，お褒めの言葉を言われたそうです。

　息子（現社長）から見て，父親（先代）は強烈な個性の持ち主ながら，信望の厚い人で，尊敬できる憧れの存在だったそうで，いつも颯爽としていて風格がありました。そしてその父親に「いずれは跡を継ぐんだぞ」と言われ続け，「父に恥はかかせられない……家名に傷を付けるわけにはいかない……」と常に思っていたそうです。

　大学を選ぶ時は何も言われませんでしたが，就職時に「家を継ぐつもりなら一部上場企業に入らないと」と言われ，就職後も「成績トップじゃないと」と言われ，頑張って期待に応えてきたそうです。

　家業を継ぐことを忘れるほど仕事に夢中になっていたら，父から「戻って来い」と連絡が来て，「伝統ある会社で誇りがある仕事ができるぞ」な

ど，期待させるような言葉も聞かされ，傳來工房に戻ったとのことです。

③　事業承継を心配して

　先代に「おまえはクーデターを起こすのか」と言われたことがあるそうです。経営者家庭において親子間，特に父と息子の間に葛藤や確執が生じるのは珍しいことではありません。大なり小なり確執があるのは当たり前のことです。

　一番リスクが高いのは父親と仲良しで，父親と同じことだけをやっているうちに，時代の波に飲まれてしまう人です。企業はずっと同じではいられません。

　同じDNAを持っている者同士の衝突ですから，やきもちもあったかと思います。息子から見て父は一緒に事業をするパートナーとしては大変ながら，男としては本当に魅力のある人で，戦後，仏具から機械製作に進出し，ここまでの会社にしたのですから，本当に尊敬しているとのことでした。息子の知らないところでは「うちの息子を頼む」と，筆者も含め周りの人にお願いしていたそうです。そういう意味ではぶつかりながらも「跡継ぎ」教育をしていたということでしょう。

④　今後の展望

　現社長も67歳と次の後継者へのバトンタッチの時期が来ています。今期のテーマとしてあげられるのは「マーケティングとイノベーション」ということです。イノベーションにはすべての業務のIT化も含まれます。営業も，直接訪問ではなく，WEB媒体やSNSを利用されようとしています。

　マーケティングの極意は営業や広告宣伝をかけなくても売れる製品やサービスを実現させることですから，住宅の現場や世の中の流れ，トレンドを先読みし，提案をする必要があります。

その上で「こんなん欲しかったんや！」とお客様からまだイメージされていないもの作りの感動を与えることが大事です。宣伝なしで売れるようなヒット製品をどう作るか，効果的な販売方法は何か。常に走りながら考えて欲しいことです。スピード感があれば間違っていてもやり直せます。

⑤　次の後継者に向けて

傅來工房は1,200年ずっと生き残り，先代の代で大きな構造転換をして，常に次の時代を見据えてやってこられました。これは現社長も同じです。

構造転換にはパワーが必要です。パワーのぶつかり合いの継承だったからこそ，傅來工房は生き延びているとも言えます。そういう意味では有意義なぶつかり合いでした。

親子のやりとりも「このままでは会社が潰れる」という危機感の中のものでしたから，単なる意見の食い違いとは異なるものです。

今後，コロナ後の生活様式，産業構造は大きな変化が予想され，現社長も次の後継候補者と思い切りぶつかり，イノベーション（新製品の製造，新生産方式，新市場の開拓，新材料獲得，新産業組織）の波を起こしてもらいたいと願います。

筆者も先代からは人生哲学の薫陶を受け，現社長とは同世代ということもあり，経営について語り合うことがあります。

徹底した社内の環境整備と独自の商品力は，多方面から注目を受け，各地で講演や取材を受けていらっしゃいます。

2．老舗大倒産時代

老舗企業の定義を三代100年続く企業とします。老舗企業ほど過去の内部留保が厚く，目に見える資産（不動産・資金），目に見えない資産（伝

統・信頼・取引先など）が潤沢で，潰れにくいと言われてきました。しかし，どの産業でも取引先の減少，従業員の高齢化による企業活力の低下により倒産の危機に瀕しています。

変革の重要性がよく言われますが，「老舗企業こそ改革が必要だ。世の中は常に動いているので，変革しなければ古臭く見られてしまう。『変わらないね』と言われるために変わらなければならない」（「山本山」山本嘉兵衛社長）。

(1) 老舗の倒産が新企業の倒産を凌駕

《業歴別企業倒産件数構成比推移》

（出典：東京商工リサーチ2019年「業歴30年以上の『老舗』企業倒産」調査
2020.02.10公開）

1990年頃のバブル崩壊までは，老舗企業の強みが目立って優位に立っていましたが，2000年代に入ってからは倒産の割合が高まっていきました（上図）。2008年リーマンショック以降は，老舗企業ほど変革を進めないと倒産確率が高まってきました。

⑵　老舗倒産の理由

①　経営者の高齢化と後継者難

第1章1．で述べたように特に老舗企業は社長が高齢化し，後継者難が著しいと言えます。さらに，コロナ後においては，事業の存在意義と継続意義およびV字回復をするのがいつなのかの見極めが重要と思います。

②　事業の陳腐化

社歴が長くなればなるほど「経営が比較的安定し生き残りをかけて必死に新規事業を模索する欲求が薄れてくる」という統計があります。過去の成功体験が仇になることがよくあります。現在ではグローバル化・スピード化によって，すぐにビジネスが陳腐化することがよくあります。

③　ブランド力を過信（株式会社T）

ブランド力でものが売れた過去の体験から，自社商品が若い世代にも浸透しているという思い込みが強いものです。筆者が約20年前に民事再生法で復活させた京都の老舗があります。確かに高度成長時代・バブル時代には，贈答・ブライダル商品については高島屋で買うより，その店で買うほうがブランド価値がありました。

今でいう時計のロレックスのようなもので，そこの商品を買うことに価値がありました。しかし，次の若い世代は，高級品でなくもう少し安価な若者向きの商品を嗜好し，徐々に売上が減っていきました。

④　公私混同型（1707年創業　株式会社赤福）

売れ残り商品の賞味期限を再設定する「巻き直し」，翌日以降の製造日と消費期限を刻印する「先付け」が長期間にわたって常態化していました。

このような偽装については会社ぐるみ・組織的・計画的に行っていたのです。

　不祥事の背景にあったのは，ワンマン経営，誰からも牽制を受けない閉鎖性，「私利私欲第一主義」という同社の経営体制です。1995年に伊勢神宮内宮に「おかげ横丁」を誕生させて，地域活性化に大きく貢献されたのに残念な結果に終わりました。

　現在では，会社内の不祥事は一掃され，見事に復活し営業を続けられています。

⑤　管理者不在型（1625年創業　株式会社森八）

　社長は森八の顔として対外的な活動（日本青年会議所等）を中心に，経営を実質的に古参の番頭に一任されていました。社長はすべてを信用し切ってすべてを任し，番頭は森八に嫁いできた奥様にも何も報告しませんでした。

　経営は破綻し，同社は和議を申請し，「和議対象債務の65％をカット。残る35％の10億円と和議対象外の別除債務28億円を10年間で返済」という条件で認可されました。

　和議申請と同時に，女将の中宮紀伊子氏が取締役となり，18代当主の中宮嘉裕氏とコンビで債務の返済を完了し，今では「金沢市の顔」として，近代経営により見事復活されました。

⑥　一族内紛型―親族の資産争い（一澤帆布）

　一澤一族の内紛は前会長一澤信夫氏の死後，2通の遺言書が指示する会社の相続をめぐって起きました。第一の遺言書が家業に従事している三男信三郎氏夫妻への相続を明記していたのに対して，長男信太郎氏が4ヵ月後に持参した第二の遺言書は同社株式の80％を信太郎氏，残り20％を四男

喜久夫氏に相続させるという正反対の内容でした。

　家業に従事してきたのは信三郎氏で，信太郎氏は銀行に勤務し，喜久夫氏は1996年末で家業を離れていました。信三郎氏は会社株を相続しなければ事業運営に支障をきたすだけではなく，第二の遺言書の作成時点では信夫氏は脳梗塞のため書くのが困難であったとして，2001年に京都地裁に遺言書の無効確認を求めて提訴しました。

　しかし，民法は新しい遺言書の内容が有効と定めているため却下され，2004年末に最高裁で信三郎氏側の敗訴が確定しました。

　一方，信三郎氏は最高裁で敗訴が確定する前に（有）一澤帆布加工所を設立し，一澤帆布工業から店舗と工場を賃借する形で製造を継続していました。他方，最高裁判決で一澤帆布工業の筆頭株主となった信太郎氏は，2005年12月に臨時株主総会を招集し，一澤信三郎社長（当時）と取締役全員を解任して自らの取締役社長就任並びに喜久夫氏と信太郎氏の娘の取締役就任を決議します。

　しかし，旧会社は職人がいないので一時営業休止に追い込まれます。そして，新たに募集した職人を喜久夫氏が技術指導して，2006年10月から営業を再開しました。

　このように，長男と四男が三男を一澤帆布の模倣として批判し，さらに13億円の損害賠償（商標権侵害など）の請求を提訴しています。一方道路を挟んで斜め向かいに信三郎氏が2006年に開いた新会社（株式会社一澤信三郎帆布）は，以前からの熱心な顧客層に支えられ，判決確定後も「遺言書は偽物」と主張しています。さらに信三郎氏の妻が遺言の無効確認などを求めて控訴し，大阪高裁は2008年末，次のような逆転勝訴判決を言い渡しました。

　「経営に関与していない長男に同社株の大部分を相続させるとの遺言内容は著しく不自然で不合理。信夫氏が作成したとは認められない。」

　2009年6月に最高裁で信三郎氏が逆転勝訴し，信三郎氏夫妻が3年ぶり
に経営に復帰したことに伴い，2010年7月7日から休業していた，四男喜
久夫氏が「帆布カバン㐂一澤」を開店しました。2011年3月，信三郎氏が
「一澤帆布製」のブランドを復活し，4月から一澤帆布工業㈱の店舗にて
一澤信三郎帆布が営業を再開すると発表しました。一澤信三郎帆布が製造
することとなった「一澤帆布製」ブランドと従来の「信三郎帆布」「信三
郎布包」は併売されています。

3．グローバル企業の事業承継の悩み

(1)　ファーストリテイリング（会長兼社長：柳井 正氏）

　かつて70歳での引退を公言していた柳井氏は若手を積極的に幹部に引き
上げ，さまざまな経験を積ませることで，新たな「スター」を作る狙いが
ありました。2年ほど前には「人材を育ててきている」と自負していまし
た。

　柳井氏のこれからの悩みもヒトであるのは間違いないでしょう。後継者
の育成の理想はファーストリテイリング株の3割以上を保有する創業家が
経営を監督し，事業の執行は実行力のある経営陣に任せる体制です。息子
2人への世襲を否定し，かねてから「実績があり周囲の支持を集められ
る」人材を社長として社内から登用する方針を示しています。

　これまで沢田貴司氏や玉塚元一氏らを含め，「後継候補が次々と辞めて
いきました。両氏は現在，それぞれファミリーマート社長，デジタルハー
ツホールディング社長です。ファーストリテイリングが優秀な人材の輩出
企業になったとも言えますが，幹部が流出すれば次代を狙う経営体制に響
くものです。

　従来の手法では，本業の運営や幹部育成の面で成果を出しにくくなって

おり，柳井氏は「組織を含めて全部を見通す」と明かします。2020年，生産や営業，商品開発など30以上の小グループに組織を見直し，それぞれのトップに据えた幹部の責任をさらに明確化することで，幹部育成につなげる考えです。

柳井氏が次代を担う経営者候補へ求める質は厳しいが，取締役会では会社を次の高いステージへ進化させるため，自らがけん引する覚悟を示されました。

ほとんどの小売業は（将来の）行き先を決めずに，時代が要求しない限り，日本は大した成長も見込めないので，中国や東南アジアを含めた海外に積極出店する構えです。そういうことをしてくれる後継者を望みたいところです。さらに最低でも10年同じ仕事をしない限り何もわからないので後継者は苦労することが想像できます。

ブリッツスケール（爆発的成長）した企業には後継者は見つかりづらいので，ドラッカーの言う経営チームからスタートする必要があります。

(2)　日本電産会長永守重信氏の後継者づくり

永守重信氏はもともと，吉本浩之氏の社長就任を機に集団指導体制への移行を目指したが，半年もすると意思決定の遅さに「これではだめだ」と思うようになりました。「時間をかけて会議ばかり開いて，決まらないというイライラがあった。どんどんおかしい方向になった。反省している。」集団指導体制を見直す理由を永守氏は率直に語りました。

日本電産の永守重信会長兼最高経営責任者（CEO）が後継者への権限委譲で模索を続けています。吉本浩之社長就任を機に導入した集団指導体制を「創業以来の最大の間違い」とし，4月1日付けで社長に就く関 潤氏と永守氏の2人に権限を集める体制に改めると表明しました。

《永守氏がこれまで招いた主な外部人材》

	日本電産への入社年・入社前の主な肩書	日本電産での主な役職
呉文精氏	13年入社, カルソニックカンセイ元社長	副社長兼COO（15年退社）
片山幹雄氏	14年入社, シャープ元社長	副社長兼最高技術責任者
吉本浩之氏	15年入社, タイ日産自動車元社長	現社長兼COO
関潤氏	20年入社, 日産元副COO	次期社長兼COO

　日本電産は，電気自動車（EV）用モーターなどで生産や開発体制強化の必要に迫られることから，まずは永守氏自身が「頭が痛い事業」と語る車載分野のかじ取りを関氏に任せます。関氏は日産で技術歴が長く，培った知見を生かせるとの判断です。

　特に昨年以降は危機感が募りました。米中貿易摩擦の影響もあり，業績悪化が止まらなかったためです。目標の数字に届かない状態が続き苦しんでいる吉本氏に，「限界がきている。新しい人を今から探す」と伝えました。

　今後の成長の柱と見込むEV用駆動モーターなどでは，低価格攻勢をしかける中国勢の台頭が予測されます。「中国勢と戦うには，今の5倍くらいのスピードが必要」と言い，新たな体制で意思決定を早めます。

　成長速度を落とさずにどうバトンを渡すのか，試行錯誤は続いていきます。

4．ハイテクベンチャー企業の成功例

(1)　堀場製作所

①　創業者（堀場雅夫氏）の後継者問題の考え方

　後継者問題が特に難しくなるのは，ファミリー企業として一族経営をしてきた場合や，創業者が次にバトンを渡す時です。親族内から後継者を選

《創業者　堀場雅夫氏の主な歩み》

1945年	京都帝国大学（現京都大学）在学中，学生ベンチャーの草分けとして堀場無線研究所創業
1953年	社員8人で堀場製作所設立，社長に就任
1971年	大阪・京都証券取引所に上場
1978年	社長を退任し，会長就任。社是「おもしろおかしく」を制定
1988年	ベンチャーを支援する京都高度技術研究所の設立に尽力，初代理事長に
2004年	分析・計測技術研究者を表彰する「堀場雅夫賞」を創設
2005年	会長を退任し，最高顧問就任
2007年	小中学生が職業体験できる「京都まなびの街生き方探究館」初代館長に

本店所在地：京都市南区
営業品目：自動車計測機器，環境用計測機器，その他分析機器全般

ぶか，それとも能力・実績本位で他の人を選ぶかということで悩む場合が多くなります。

　あくまで上場企業の場合に限りということで考えると，社会的にも経営者自身にとっても最適な経営をできる者を後継者に選ぶべきということになります。なぜなら，この会社の株をたくさん持っている社長からすれば，経営が悪くなったら，株価は下がり，配当は下がるということになり，能力のない人に経営をさせたら，大きな損害を被ることになるからです。

　堀場氏は，二代目には全く血縁関係のない当時の大浦政弘常務を指名しました。そして二代目社長に「次期社長」を尋ねると，実績で堀場社長の長男厚氏を指名しました。四代目には，同族以外の人を指名しました。

②　創業者　60歳役員定年説 （204頁参照）

　堀場氏は社長50歳定年説をとり，実際は53歳の時に，社長の座を常務に譲り，会長に退かれました。

　「人間は40代が最も輝いている，20代，30代で充電してきたものを40代

で発揮するからだ。日本人の寿命も延びているので、今や55歳から60歳ぐらいだ。エネルギーがもつのはせいぜい60歳ぐらいまでで、そこから肉体的にも限界を過ぎ、精神的な覇気も攻撃力もなくなってくる。それ以降は第一線に立っている連中をバックアップする役目がいい」と。

「もう一つ、ワンマン社長を切るのは自分しかいない。引退はあくまでも自分で決めることだ。それが決められないようでは、晩節を汚すことになる。だから自分が最高潮の時にバトンタッチすることが一番理想的だと思う。そして、引退後は世代交代した人の障害物を取ってあげる役割をすることだ。あくまでも走るのは本人にやらせるべきで、前に進む手助けをすることだ」と、セミナーで強調されていました。

(2) オムロン株式会社

オムロン株式会社　三代目社長　立石義雄氏（2020年4月急逝）

(創　業) 1933年（昭和8年）

(資本金) 641億円

(売　上) 8,300億円

(従業員) 28,0060人

(事業概要)

オートメーションのリーディングカンパニーとして、工場の自動化を中心とした制御機器、電子部品、駅の自動改札機、太陽光発電用パワーコンディショナーなどの社会システム、ヘルスケアなど多岐にわたる事業を展開。約120の国と地域でサービスを提供。

京セラ、日本電産、村田製作所などスタートアップから世界企業に発展した京都企業の中で、オムロンは元祖的存在です。

そのオムロンをグローバル企業へと発展させた、三代目の立石義雄氏の功績は大きいです。

（立石義雄氏業績）

　自動化に関わるビジネスで義雄氏が携わった事業の一つが，自動改札機の導入です。70年の大阪万博に向けて開発が進んでいた千里ニュータウンで67年に設けられた阪急電鉄の新駅に設置されました。自動改札機や券売機は今や当たり前になっておりますが，その便利さを初めて知った時には，「びっくりもの」でした。さらに，それらを支える駅務システム関連では国内最大手で，世界各国へも同様のシステムを納入しています。また，地元京都では，商店街の加盟店と地域金融機関，クレジットカード会社が共同で顧客サービスを提供するカードを一括管理・処理する会を立ち上げ，システム構造上重要な役割を担っております。

　新型コロナウイルスの感染拡大で注目される体温計などヘルスケア関連も主力事業の一つで，家庭用電子血圧計はシェア5割を占める世界最大手です。2019年には据え置き型血圧計と同程度の精度を持つ，腕時計型血圧計を国内で発売しました。

　義雄氏は1987年に47歳の若さで，長兄孝雄氏の後を継いで，立石電機（現オムロン）の三代目社長に就任しました。創業者の父一真氏から課された課題は「大企業病の克服」という命題でした。ベンチャー企業という原点に立ち戻ろうと社内の意識改革に取り組みました。90年には「会社は創業家のものではない」という考えから，社名を「オムロン」に変更しました。

大企業病

　主に大企業に見られる非効率的な企業体制に陥っている状態をさします。組織が大きくなることによって，経営者と社員の意思疎通が不十分になることによって起こりやすくなると言われています。大企業だけではなく，中小企業にでも起こりうる状態です。

（症状）

① 視野が狭くなり自分の仕事にしか関心がなくなる

② 現状維持優先でチャレンジしなくなる

③ 形式主義に陥り意思決定が遅くなる

④ 顧客ニーズよりも社内ニーズを優先する

⑤ 責任の所在があいまいになる

（原因）

① 業績が安定している

② チャレンジを促すシステムがない

③ オープンに意見を言えない雰囲気

④ 社員が急増して組織が大きくなっている

（対策）

① チャレンジを応援する人事制度を整える

② 多様性を重視する企業文化を創出する

③ 社内のコミュニケーションを活性化させる

④ 管理職の意識改革

５．事業承継のコンサルティング事例

事例１：リスケジュールによる資金繰り改善と事業承継の難しさ

〈設定〉株式会社Ｘ社（マスコミ関連・広告・文化教室他），

創業60年，グループ会社７社，社員総数120名（パート含む）。

［１］　中小企業再生支援協議会へ支援要請

①　借入金増加

（内部的要因）平成16～20年の間に自社ビル３軒を購入し，購入資金は全額借入金です。

・平成17年から新規に会社３社を立ち上げ，新会社への資金援助は既存会社が金融機関から資金を受け，貸し付けました。

（外部的要因）リーマンショックに起因する不景気により急激に減少した収入を補填しました。

②　事業分析

　Ｘ社の事業を細分化した結果，主要事業は７事業であり，その中で中核を占めるのはＡ事業です。

（単位：千円）

	A事業	B事業	C事業	D事業	E事業	F事業	G事業
売上高	1,589,897	264,280	302,630	44,560	30,858	86,015	17,493
売上原価	1,002,120	77,632	102,034	37,184	15,670	65,678	
売上総利益	587,777	186,648	200,596	7,376	15,188	20,337	17,493
販売管理費	560,101	146,421	177,634	48,933	24,076	25,850	12,104
営業利益	27,676	40,227	22,962	▲41,557	▲8,888	▲5,513	5,389

　分析の結果，７事業のうちおよそ半分に当たる３事業（D, E, F）が赤字の状態であることが判明しました。

特にD事業に至っては，販売管理費のほとんどが営業損失になっており，もはや事業性は残っていません。

また，E，F事業については，平成17年以後の新規立ち上げ後，一度も採算ベースに乗ったことがありませんでした。

③　その他の分析

会社数を増やしたためにグループ全体の状況把握が困難になり，管理体制の構築ができていませんでした。

多数の金融機関と取引していたために，いずれの金融機関とも確固たる関係を築くことができていませんでした。

④　分析結果

外部的要因はありますが，やはり不動産購入と不採算事業への必要以上の資金援助，およびグループ全体でとらえる観点の欠如により経費の増加が今回の状況を招いたといえます。

［2］再生計画案の作成

再生計画案として次の3つを提案しました。

①　不採算事業の整理と統合

②　資産の売却

③　固定費の圧縮等

上記の方策をとって，最大金融機関10行，総額40億円借入返済のメドをつけ，収益性のある本体事業を中心に事業活動をし，見事に復活しました。

社長は，年齢も65歳を超え，若手社員に後を託すべく事業承継の準備を始めた。

［3］事業承継の実行

約10年前から大手上場会社の責任あるポストで成果を挙げていた社員を

ヘッドハンティングして，入社させました。

　当初より息子のいない社長は，いずれ彼を自分の跡取りとして考え，専務に抜擢していました。今回の再生を機に社長が会長に，専務が社長に昇格し，現場のすべての責任をほとんど彼に任せました。

　しかし，時代はアベノミクスで好調が続いているにもかかわらず，後継社長は経費の大幅な削減と事業所縮小による事業規模見直しにより，減収減益の経営を行いました。

　社長の方針としては，選択と集中による安定黒字経営を狙ったのですが，会長の承認を取り付けず行ったことが，会長の逆鱗に触れ，社長を更迭されることになりました。

［4］今回の反省点

　ドラッカーの言葉に，「社長の退任は『引退する』ことではなく，役割を変えることにすぎない」とあるように，会長は後継者のメンターとなり，社長と伴走して経営を行うべきでした。後継社長は一部門として成果を挙げていただけで，特別の責任をもって事業を行った経験はなく，失敗経験が少なかったと言えます。

　また，前社長は同族会社のオーナーで，オーナーシップにあふれた人でしたが，後継社長はサラリーマン出身で考え方の根本で違っていました。

　会社はグループ経営を行っており，後継者には小さな部門のトップ経験をさせてから，抜擢した方が良かったのかもしれません。

［5］今後の課題

　会長にはご子息はいませんが，独身のお嬢さんがおられるので，娘か娘婿に継がせるか，従業員承継か，今は企業価値が十分あるので，第三者承継（M&Aを含む）で存続・発展を目指すべきと思います。

事例2：家庭教師派遣業

〈設定〉第三者に事業承継後，業界大手の傘下に入り，事業を発展させ
た事例

　創始者A氏（オーナー）は，学生時代から起業家精神にあふれ，T社
（家庭教師派遣業）を設立。後に家庭教師経験者B氏を共同経営者（専務）
として迎え入れます。

　当初は2人の経営者としての役割分担もうまくいき，B氏の営業力で事
業を拡大し，都内から周辺都市にも教室を広げるようになりました。

　B氏は仕事に関してはバリバリできるけれど，勤務時間中にパチンコ等
遊興にふける癖が直らず，徐々に確執が生まれるようになっていきます。

　その内に社員の中にも，社長派と専務派に派閥が芽生え，社内組織が分
断されるようになりました。

　折からの塾・家庭教師ブームの波に乗り，ライバル企業もテレビコマー
シャルで一躍有名となり，一時は家庭教師派遣業のビッグ2にまで上り詰
めました。そして，T社の社員の中で特殊な人材派遣業を立ち上げて社内
独立をしたいというX氏が現れます。彼は人材派遣の中でもニッチな部分
で大成功し，後に上場（現在，東証一部上場）を果たします。

　ライバル大手は地方から全国展開し始め，T社も首都圏から，関西・九
州へ進出し，順調に見えましたが，内部では社内対立が激化して，専務が
社員を引き連れて独立することになりました。

　筆者は監査役として仲裁役も受け，会社の立て直しも手伝うことになり
ました。社内分裂後，社長の座を他に譲り，心機一転を図ることになりま
す。次期社長候補として，会社の創業時から財務担当の役員C氏を抜擢し
ました。

　C氏は会計事務所出身者で数字に明るく，窮地の所を無事復活に成功しました。C氏は，社員とのコミュニケーションも取りながら，しっかりとした経営計画のもと，会社を復活させ，創業者の志を継いで，教育関連事業の職域拡大を図りました。少子化とともに塾経営も従来のままではじり貧になると考え，教材販売，グループ学習，引きこもり塾等いろいろな形態を考え，教え方や教材づくりのノウハウを構築していきました。

　しかし，予想以上に少子化に伴う生徒数の減少は厳しく，特徴ある塾のみが生き残れるという状態になってきました。

　T社は，アイデアを出し合って時代に見合った経営をしてきましたが，もともと資金力，組織力のない会社なので，毎期資金繰りに苦しむことになります。

　最終的にT社は，大手上場会社（BIG4）の傘下（M&A）に入り，社員の雇用も守られ，業績を伸ばしています。ここで私の役目は終わりましたが，企業の存続と社員を守るという観点で，良いアドバイスができたと思っています。

事例3：染色特殊加工業

〈設定〉兄弟全員に事業を継がせた分社経営でもめた事例

　先代が京都の染色技術を応用し，特殊な加工技術で付属商品を製作し，昭和初期に注目されて現在の本社（京都中心部）に研究所を設立。

　戦後まもなく研究所を商号変更し，現在の会社に改め，本社とそれ以外の土地に会社を設立し，兄弟4人はそれぞれに就業。

〈昭和40年代〉

　先代の晩年にX社，Y社の2社を設立し，当初は仲良くお互いに株式を

持ち合い，相互に役員に就任しておりました。

　その後，会社は成長し，京都府下にも広大な敷地を保有します。

　先代の相続にあたり，相続財産として工場敷地も一部共有持分となりました。その後，両社とも成長したが，経営方針等の違いから，兄弟が二分され，（本社筋）A氏，B氏，（分家筋）C氏，D氏と分かれて経営することとなりました。後にD氏が，相手方Y社を追い出されて株の買取りへと発展します。

　D氏がX社に来る前から株の争いと土地の係争があり，もともと同じ会計事務所が見ていたのですが，争いの激化とともに，X社から筆者の事務所に依頼してきました。

　D氏の係争が一段落したので，弁護士を通じて相手方との権利関係として，株・土地の係争を再開しました。

〈今後の展開〉

　X社も社長が高齢で，後継者が決定しており，Y社も次世代社長が後継者に決定しています。

　できるだけ早く，株・土地の共有問題を解決し，次のステップに進む必要があります。

　当社は大手が手をつけにくい，ニッチな特殊な技術で成長しており，日本の食品，薬品メーカーからの受注があり，今回のコロナ禍による一時的な業績の落ち込みはあるものの，2～3年後には絶対に受注が回復する業種です。

　私どもコンサルタントという中立な立場から，今の後継者から見る先代同士のわだかまりを早く解き放ち，会社の統合も視野に入れ，両社の成長戦略に資することが最重要課題と認識しています。

事例4：化粧品製造卸

〈設定〉兄弟で商圏を分けた成功例。

　先代は地元京都で化粧品および周辺商品の製造販売を始めます。

　息子2人は昭和40年代後半，先代と全く別事業を創業し，高度成長時代の波に乗り，順調に業績を拡大していきました。

　軌道に乗ったので弟が独立して滋賀県で同業種の会社を新規に設立し，京都と滋賀でお互いに得意先のテリトリーを分けて，両社とも順調に成長していきます。

　弟側の後継者である長男C氏（理工系大学卒業）が入社したこともあり，大阪に進出を決めます。

　従来と異なった高付加価値商品を開発し，より発展を目指して，大阪に本社ビルを設立します。

　長男C氏は，関西圏では満足せず東京進出を果たし，いろいろな有名人との人脈もつくり，従来の事業を応用して新規事業を展開し，新たに会社を設立しました。

　特殊な技術と新たな人脈に基づき，プロモーション会社と共同開発の商品が爆発的に大ヒットし，今やマスコミにも知れ渡り大きく成長するようになりました。新会社の扱っている商品は，富裕層にも人気で，一定のファンが見込めるので，今回のコロナ禍の影響もなく，成長が期待できます。

　今後は，東京の会社が大阪の会社を吸収し，優秀な人材も補強し会社として盤石なものとすべく，IPOを視野に入れて成長していく考えです。

〈成功の要因〉

① 兄弟仲良く共同経営で出発。

② 弟が独立するにあたり，商圏が異なる滋賀県で創業し，お互いに相互の会社には干渉しなかった。

③ 弟の長男が入社するにあたり，拡大志向について協力体制を惜しまず，会長として社長のメンターになっていること。

事例5：娘婿への事業承継成功例

〈設定〉建設材料卸業，創業90年，資本金：3000万円，従業員：270名。株主は一族関係者95％，商圏は関西，東京，名古屋。

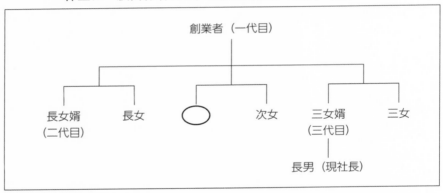

事業承継の成功原因

① 娘婿に後継者を託せる優秀な人材を抜擢（鹿島建設方式）。

② 業界を知る人材に継がせる。三代目（現会長），四代目（現社長）ともに主要取引メーカー出身で業界をよく知る人材。

③ 創業者家訓により，出資比率は3人娘ともに平等。長女・三女は社長として経営権を移譲。次女には生活の保証。

④ 社長交代時期に，会長が常に並走し，社長のサポート役としてメンターとなるが，口は出さない。

今後の課題

① 　長女と次女からの株式の買い取り問題（納税猶予適用不可）

② 　自己株買い取り，または，従業員持株会創設

③ 　今後の成長戦略として，M&Aを積極提案

- 2018年は中部エリアの拡大に成功
- 他地域拡大・IT関連への充実・川下の業界へも進出

事例6：先代社長の突然の死による事業承継

〈設定〉内容が不完全な遺言書が招く事業承継の危機

[1] 事業承継までの道のり

　先代経営者（以下会長）は若くして先々代経営者から食品系の事業を引き継ぎました。会長の経営能力と事業への熱意により引継ぎから約10年後には年商約3億円，従業員60人を雇う会社にまで成長させました。

　後継者候補である2人の息子にも恵まれました。

　順風満帆の矢先，会社の従業員である若い女性と会長が深い仲となってしまいます。当然，会長夫妻は離婚することになり，息子の1人は奥様が引き取り，もう1人の息子は会長が引き取りました。

　その後，その女性と再婚し，プライベートの落ち着きを取り戻した会長は会社経営に専念し，後妻を役員（経理担当）とし，夫婦共同で事業の発展に取り組むことになりました。

　経営者の最後の仕事は「事業承継」と言いますが，幸いにも，会長が引き取った先妻の子供が会社を継ぐ意思を固めたのを機に，後継者とするべく会長が伴走する形で事業承継をスタートさせました。

　よくある話ですが，先代経営者と後継者の経営に対する考え方が合わず，意見がぶつかることが増えていき，最終的に後継者が会社を飛び出したこ

とにより後継者教育は失敗に終わります。

　再度，会長が現場のトップに戻り，今までのように夫婦で会社を切り盛りしていましたが，後継者も外で別の仕事をすることにより，今までの自分の未熟さを知り，自身の考え方が甘かったことを素直に認め，改めて一から後継者として事業を継ぐことにしました。

　前回の失敗の反省から，後継者の意思を尊重し，後ろから支える形の方法で事業承継を再スタートさせます。

［2］驚きの事実

　後継者へのバトンタッチも目前と思っていた矢先に会長が不慮の事故により突然に息を引き取ります。しかし，事業承継はうまく進んでいたため，当然ながら，後継者が事業を引き継いでいくものと後継者本人や周囲は思っていました。生前に公正証書遺言も作成済みでした。

　いざ公正証書遺言をあけてみると驚きの事実が記されていました。全財産を後妻が相続する内容の遺言になっていたのです。もちろん，事業用資産および自社株も含めてのすべてです。

　もともと，後継者（先妻の息子）と後妻という関係のため，後継者のことをあまり認めていなかった後妻は，遺言どおり財産の相続を主張します。

　先代経営者に裏切られた気持ちと後妻の対応から，後継者には怒りの感情が支配し，状況判断が鈍り始め，長年，関与していた我々税理士の意見に耳を傾けなくなりました。

　筆者が公正証書遺言の内容を知らなかったことを反省しつつ，まず，我々税理士が取り組むことは，当事者の話をよく聞き，クールダウンさせ，問題を大きくさせないことです。

　感情的になっている後継者と話合いを持ち，このまま もめ続けていても事業のためにならず，早く解決して事業に専念することが重要であること

を説きます。

　一方，同時に後妻に対しても事業の継続・発展には後継者の力が必要なこと，後妻単独では事業を継続することが難しくなり，借入金などの負債が膨らんだ時のリスクを説明します。

　数ヵ月に及び時に双方の話に耳を傾け，時に強く説得することで徐々に信頼を回復し，筋の悪いコンサルタントの排除に成功します。

　後妻が取締役を退くことを条件に，後妻が相続した事業用の資産を買い取ることを提案し，事態を終息に向かわせるべく，税理士立ち合いの下で決着を図ります。

［3］今回のケースの問題点

　先妻の息子を後継者と考える場合には，後妻は会社とのかかわりあいをなくす必要がありました。後妻も会社に長く，深くかかわると愛着もわくため，後継者といえども先妻の息子に事業を譲るのが惜しくなるのです。

　将来のリスクマネジメントの観点からも後継者が事業に専念できる環境づくりは重要です。

　遺言は決して感情的に作成しないことです。特に事業がかかわる場合は注意が必要です。

　事業承継において，先代と後継者の意見がぶつかることは多々あります（一時後継者が事業を離れ，その後戻って立派に事業を継ぐケースも非常に多い）。

　関係が悪化している状況で，一時の感情に任せて遺言を作成すると，後継者を排除した遺言を作成しがちになります。事業という血の通ったものを承継するのだから将来を見据えた冷静な判断が必要です。

　当然のことですが，遺言は定期的な内容の見直しは必要です。事業をと

りまく環境や人間関係は日々変化します。やはり，以前に作成した遺言では不足も生じてくるため，内容の再確認を定期的にすべきであり，時には再作成も必要です。

　この場合は，やはり，税理士など信頼のおける者の助言を得ながら作成することが望ましいでしょう。

［4］その後

　事業の発展に邁進し，先代経営者を超えるまでに拡大させ，今では，近隣同業種の会社をM&Aし，事業規模が2倍となるまでに成長させました。

　あのまま，争続になっていたら，事業は今のような状態になっていただろうか？　改めて事業承継の大切さを実感した事例です。

事例7：老舗酒造業を復活させた成功事例

〈設定〉先代酒蔵を再興させた若社長の心意気。

　京都伏見と言えば，老舗酒蔵が立ち並ぶ日本酒のメッカです。

　明治35年に創業社長は東山区で酒造業を興し，明治43年に伏見に製造場を持つようになりました。大正7年に現在の地へ移り，かなりの酒造量を醸造するようになり，自社銘柄の居酒屋を展開し，長年親しまれていました。しかし，平成6年に第三代目当主の逝去に伴い，後継者が見当たらず，いったん酒造業をやめることになります。

　現五代目社長は，「閉鎖当時に飲んだ最後のお酒の味と感動が忘れられず，必ず自分の代で蔵元再興をする」と決意を固めたそうです。

　五代目は各地蔵元で勉強を重ね，周りの方の協力もあり，平成14年に新しい酒蔵を建築し，新しいお酒造りを始めました。

　自分の目で選んだ酒米と伏見の名水で，独自の手法を守りながら，先代

に勝るとも劣らぬ美味しいお酒造りに成功されました。

　小さな酒蔵ですから大量生産はできませんが，こだわりの味に支援する
ファンも多く，年々酒造量も増えつつあります。

　若い社長でもありますので，蔵元の一角にイートインスペースを設けて，
お酒を試飲してもらうなど，販売促進への工夫も試みています。

　また，伏見は日本のみならず，世界の観光客が集まるところなので，地
元銀行とも協力して，新しい街づくりにも貢献しようとされています。

　この事例は，事業承継が一時期後継者に恵まれず，いったん途切れます
が，その家系に受け継がれた伝統の技術や志は世代を超えて伝承していく
ことを実感しました。

　長年事業承継に携わっておりますが，何世代かを超えて事業が承継され
た成功例として，やりがいを感じているところです。

事例8：株式交換が最後の決め手

　〈設定〉分散株式を整理後，業界再編M&Aに成功した事例

　8年程前，地方の中核都市で20店舗強のスーパーチェーン店を営むA社
の副社長から，事業承継・株式整理について相談を受けました。きっかけ
は，全国展開しているスーパーからの傘下入りの打診でした。A社の社長
は既にリタイアの意向で，相談された副社長も後継者がいないことから，
大手スーパーからの意向を受け入れる方向を決めた上で相談に来られまし
た。傘下入りにあたり，どのような手法が最善か検討。

[1]　複雑な出資関係

　事業承継・株式整理にあたり，A社の複雑な出資関係の整理が必要でし
た。A社は，社長一族，副社長の一族，社長一族が支配するB社，副社長

一族が支配するC社，社長・副社長の一族が支配するD社により株主が構成されていました。

[2] 社長の思い

　複雑な出資関係と表現しましたが，社長・副社長は同じ同族グループなので，一般的な考え方では，同族経営で問題がないように見えます。社長と副社長の仲も極めて良好で問題はありません。しかし，将来のもめ事の火種とならないため，株の整理の機会に社長と副社長のグループに所有関係を完全に分けてしまいたいというのが社長の強い意向でした。

[3] 株式の整理

　A社とB・C・D社との出資を整理するため，自社株買いを実施しました。当時の税制では，出資割合が25％を超えていれば受取配当の益金不算入の規定が活用できましたので，ほぼ無税で株の整理を行うことができました。

[4] 株式分割

　次に整理をしたのは，B社・C社の株主です。社長一族の支配会社であるB社に副社長が，副社長一族支配会社であるC社に社長が，それぞれ出資持分を有していました。個人・法人間の株主整理では，受取配当の益金不算入の規定がありませんので，自社株買いは不利なため，それぞれの出資持分を両一族で支配する会社D社に売却して，B社の株主は社長一族のみ，C社の株主は副社長一族のみとなりました。

　株式の整理後，D社を分割型の会社分割を行いました。分割後，D社の株主のうち副社長一族所有の株式をB社に売却，新設会社D'社の社長一族所有の株式をC社に売却して，株式の整理は完了しました。D社には，

社長一族に係る財産負債を，D'社には副社長一族に係る財産負債を承継させ，株以外の財産も整理しました。分割後直ちに株の移動を実施したため，税制上は非適格分割となり，すべて時価で財産の移動を行い，差額を現金で調整したため，両者間で財産の整理ができました。

［5］株式交換

　大手スーパーの傘下に入るにあたり，同族間の所有関係は整理できた上，A社の過去の利益についても，一部還元することができました。A社の株式については，その後一部を大手スーパーが個人株主から買い取り，残りをどうするかが最後の課題となりました。当初は，副社長がSPCを組成して，残りの株をSPCに集約する考えでしたが，株の整理の過程である程度実現できていたことから，株式交換に応じることになりました。大手スーパーの株式の交付を受け，その代わりA社の株式を大手スーパーに渡します。税制適格の要件を満たしていたため，無税で上場会社の株式と将来の株式配当を手にすることができました。もちろん，上場株ですから売却は容易にできるため，キャピタルゲインを獲得しやすくなりました。副社長は，その後大手スーパーの経営にも参加し，A社には大手スーパーから役員を受け入れ，後継者問題も解決することができました。

あとがき

　今から思い起こせば，令和の時代に入ってから，自分の事業承継について真剣に考えるようになりました。税理士・会計士の業界に入り40年が経ち，後継者へのバトンタッチを徐々に実行しているところです。

　税務会計だけではなく，特に力を入れてきた「相続・事業承継」を中心とした原稿をまとめようかと構想段階に入ったのが，令和2年2月の上旬でした。ところが，執筆を始めてからコロナ禍が勃発し，2月27日安倍首相の学校一斉休校宣言，4月7日の緊急事態宣言が発令されて以来，日本経済は大きな打撃を受け，ヒト・モノ・カネの流れが一気に止まりました。

　世界中が過去に例を見ない大惨事となったコロナショック。出口の見えないトンネルに悩んでおられる関与先様に対しても，経済の立て直しになる内容も盛り込みたく章立ても工夫いたしました。

　折しも海外に目を向けると米中貿易戦争による主導権争いが激化し，貿易依存型の日本にとってどのような影響が出てくるのかは，今後の動向次第で，目を背けるわけにはいきません。

　一方，コロナウィルスの感染拡大により外出の自粛要請がなされる中で，企業のテレワーク導入の機運が一気に高まってきました。従来は大企業の話とばかりに外方（そっぽ）を向いていた中小企業が積極的にテレワーク制度を導入し，コストを抑えながら生産性を高める方向へ舵を転換するようになりました。多様で柔軟な働き方の推進が企業に浸透したことは，コロナに打ち勝つための一手段として，コロナ収束後も進化し続けることは間違いありません。

　コロナによる緊急事態を乗り切るため，政府や地方自治体で「緊急融資」「各種補助金」が交付されるので，弊社も各企業様に財務分析をもって非常事態を乗り切れるように対処しております。

　本書執筆の狙いの「事業承継とM&A」については，ちょうどコロナ禍の時期にあたりましたので，下記のような視点から書かせて頂きました。

1．コロナ禍での状況

- 前年同月比，M&Aの買い手アドバイザリー契約が増加し，千載一遇のチャンスとなる。
- M&A交渉をしている企業が多く，金額的には少額になったが，成約率も伸びている。
- 今までは譲渡を考えていなかった企業も検討を開始。
- DM・WEBによる非接触型のアプローチが有効に働き，相談件数が増加。

2．アフターコロナ・ウィズコロナ

- 経営の先行き不安の顕在化。
- 親族内承継を考え直し，M&Aも検討。
- メンタルダウン型の企業は，廃業を考える。
- 成長戦略の一手段として，この状況を逆手にとって，M&Aも視野に入れ企業規模の拡大を図る。

3．今回のコロナ禍での打撃は，中小零細企業が独自の力で乗り越える限度を超えているので，単体ではなく，グループ化することで自社の強みを発揮することに気づかされたように思います。

　ライバル企業との共同開発や共同仕入れ。類似工程を一括にすることによる経費削減。従来の企業風土の融合の難しさもありますが，それを勝る経営の合理化が求められています。「戦略的事業承継としてM&A」が隆盛となり，そのことが日本企業の経営改革の好機となるのであれば，財務

分析の専門家として，M&Aシニアエキスパートとして企業の未来を見据えて支援したいと思います。「人と人は密を避け，企業同士はより密な関係をもって」未来を築くことを祈って結びとします。

　最後になりましたが，本書執筆のきっかけは，約40年間支えてくださった経営者の皆様のおかげです。

　また，本書出版にあたり企画の段階から章立ておよび構成まで多大なご尽力を頂きました中央経済社の秋山宗一氏と執筆活動を支えてくれた総合経営グループ秘書の豊田賀津子氏に感謝の意を表します。

　令和2年9月

税理士法人総合経営　代表社員

長谷川　佐喜男

参考文献等

長谷川佐喜男（監修）西川吉典・長谷川真也（著）『事業承継成功のシナリオ』中央経済社，2018年。

長谷川佐喜男・西川吉典（著）『地域金融機関と会計人の連携』きんざい，2016年。

長谷川佐喜男（著）『よくわかる経営シリーズ　相続・事業承継・組織再編等』非売品，2009年。

株式会社M＆Aパートナーズ（編）『オーナー経営者のためのM＆Aガイドブック』中央経済社，1992年。

日本M＆A研究所（編著）『実戦M＆A事典』プレジデント社，1988年。

渡辺恒郎（著）『業界メガ再編で変わる10年後の日本』東洋経済新報新報社，2017年。

日本事業承継コンサルタント協会（編）『上手な"財産と事業"の継ぎ方』日本事業承継コンサルタント協会，1998年。

小宮一慶（著）『ドラッカーが「マネジメント」でいちばん伝えたかったこと。』ダイヤモンド社，2011年。

一倉定（著）『一倉定の社長学全集8「市場戦略・市場戦争」』日本経営合理化協会，2017年。

山下淳一郎（著）『ドラッカーが教える最強の後継者の育て方』同友館，2020年。

名南コンサルティングネットワーク（著）『中堅・中小企業のための「事業承継対策」の立て方・進め方』日本実業出版社，2016年。

後藤俊夫（著）『三代，100年潰れない会社のルール』プレジデント社，2009年。

一般社団法人事業承継学会（編）『事業承継　VOL.2』2013年。

日本公認会計士協会（編）『事業承継支援マニュアル改訂版』日本公認会計士協会，2017年。

坪多晶子（著）『成功する事業承継Q＆A150（令和元年8月改訂）』清文社，2019年。

堀場雅夫（著）『堀場雅夫の社長学』ワック出版，2005年。

山本憲明（著）『社長は会社を「大きく」するな！』ダイヤモンド社，2012年。

西浦道明（著）『大きくしないで「強い会社」をつくる』かんき出版，1998年。

日本経済新聞出版社（編）『まるわかり！　M＆A』（日経MOOK），2020年

＊

中小企業庁編『中小企業白書』2018年版，2019年版
東京商工リサーチホームページ
帝国データバンクホームページ

【著者紹介】

長谷川　佐喜男（はせがわ　さきお）

公認会計士・税理士・M&Aシニアエキスパート

昭和26年　京都生まれ
昭和50年　関西学院大学商学部卒業
昭和54年　昭和監査法人（現新日本有限責任監査法人）大阪事務所入所
昭和59年　長谷川公認会計士事務所設立
平成17年　税理士法人総合経営設立　代表社員就任
平成25年　公認会計士功労により黄綬褒章受賞
平成28年　平安監査法人設立　代表社員就任
現　　在　税理士法人総合経営，新公益支援コンサルタンツ株式会社，
　　　　　総合経営株式会社，財産コンサルタンツ株式会社，
　　　　　株式会社M&Aパートナーズ，平安監査法人 各代表を務める。

【役職など】
元日本公認会計士協会　本部理事（平成16年〜22年）
元日本公認会計士協会京滋会会長（平成19年〜平成22年）
元日本FP協会　CFP®認定試験委員（相続・事業承継）
現日本M&A協会副理事長（会員850名）
現京都先端科学大学非常勤講師（事業承継論担当）
【著書】
『オーナー経営者のためのM&Aガイドブック』（中央経済社）
『ITベンチャー成功のシナリオ』（中央経済社）
『よくわかる経営シリーズ—相続・事業承継・組織再編等—』（非売品）
『地域金融機関と会計人の連携』（金融財政事情研究会）
【監修】
『公益法人移行成功のシナリオ』（中央経済社）
　　　　公認会計士・税理士　西川　吉典　著
『事業承継成功のシナリオ』（中央経済社）
　　　　公認会計士・税理士　西川　吉典　著
　　　　公認会計士・税理士　長谷川真也　著

総合経営グループ

昭和59年創業，母体は公認会計士事務所・税理士法人総合経営。中堅中小企業への経営指導を皮切りに相続・贈与，資産運用・不動産有効活用，M&A，公益法人運営指導，等の各種コンサルティング会社を運営。
平安監査法人にて社会福祉法人・医療法人の法定監査。

《経営者の悩みに寄り添い解決する専門家集団》

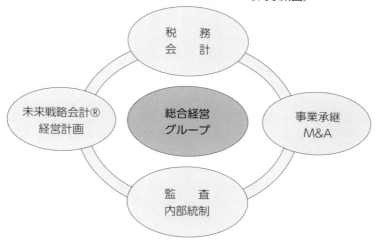

<＜事務所所在地＞
【本部・京都事務所】
〒604-0847　京都市中京区烏丸通二条下ル秋野々町529番地
　　ヒロセビル9階　TEL 075-256-1200
【東海事務所】
〒491-0858　愛知県一宮市栄四丁目1番5号　エースリービル3階
　　TEL 0586-64-7221
【滋賀事務所】
〒520-0802 滋賀県大津市馬場二丁目6番13号　T.H.51ビル2階
　　TEL 077-525-2331

＜ウェブサイト＞
URL：http://www.sogokeiei.co.jp/

アフターコロナの
戦略的事業承継「M&A」

2020年11月10日　第1版第1刷発行

著　者　長谷川　佐喜男
発行者　山　本　　　継
発行所　㈱中央経済社
発売元　㈱中央経済グループ
　　　　パブリッシング

〒101-0051　東京都千代田区神田神保町1-31-2
電話　03 (3293) 3371 (編集代表)
　　　03 (3293) 3381 (営業代表)
http://www.chuokeizai.co.jp/
印刷／㈱堀内印刷所
製本／㈲井上製本所

© 2020
Printed in Japan